PAUL

Die ganz normalen Abenteuer des Hauskaters Paul

Paul

PAUL

Die ganz normalen Abenteuer des Hauskaters Paul
Mit Illustrationen von Andreas Steinbach

Paul; Steinbach, Andreas: PAUL
Die ganz normalen Abenteuer des Hauskaters Paul
Raisting: I. Louis, 1997
ISBN 3-9805364-5-9

Cover: Andreas Steinbach
Layout: Grafik & Illustration, Raisting
Satz: Grafik & Illustration, Raisting
Illustration: Andreas Steinbach
Druck und Verarbeitung: Uhl GmbH & Co., Radolfzell

Inhalt

Vorwort

Liebe Leserin, lieber Leser,

Paul ist mein Ziehvater. Anfangs wollte er überhaupt nichts von mir wissen – im Gegenteil. So hat er es mir jedenfalls erzählt, ich selbst habe davon fast nichts mitbekommen.

Als ich in sein Revier verfrachtet wurde, war ich ein vier Wochen alter Vollwaise. Sagt Frauchen. Paul ist da ein bißchen anderer Meinung. Doch dazu lesen Sie an anderer Stelle mehr, dem möchte ich jetzt nicht vorgreifen. Wie Sie dort auch erfahren werden, dauerte seine Abneigung gegen mich nicht gerade lange. Ich glaube – in aller Bescheidenheit, versteht sich – er fand mich schnell ganz schön niedlich.

Trotzdem ist er immer sehr streng, aber grundsätzlich höflich und korrekt. Ein regelrechter Aristokrat, von beeindruckender und überzeugender Autorität, allen gegenüber. Er lehrte mich die vornehme Zurückhaltung bei der Speisenauswahl, den nötigen Mindestanspruch bezüglich der Toilettenbeschaffenheit und -ausstattung, führte mich in spezielle, bis zur Perfektion verfeinerte Fitneß- und Unterhaltungsprogramme ein und brachte mir ein bestimmtes, unnachgiebiges Auftreten gegenüber Mitgeschöpfen aller Art bei.

Böse Zungen, nämlich unsere Leute, beschreiben übrigens dieses – zugegebenermaßen vielleicht ein wenig exzentrische Verhalten – unverständlicherweise mit dem unschönen Wort „zickig“. Nun, wahrscheinlich verstehen Sie uns einfach nicht richtig, sind eben auch nur Menschen. Ich jedenfalls verdanke Paul meinen Status, mein Ansehen und meine Wirkung auf die Umwelt. Und er wurde durch mich in seine zweite Jugend versetzt. Gut trainiert, wie er ist, können wir uns stunden- und tagelang sportlich betätigen, uns mit den verschiedensten Spielen vergnügen sowie uns einträchtig gegen die Mitkater Cäsar und Micky und die Möchtegernwölfe Carlo und Lenny „zur Wehr“ setzen. Ein großartiges Vergnügen. Unsere Menschin tut offiziell zwar so, als ob sie das nicht so ganz gutheißen könnte. Insgeheim, glaube ich, amüsiert sie sich jedoch maßlos darüber und freut sich, daß wir zwei uns so gut verstehen.

Aber nun vom Kater Paul zu dem Buch PAUL und wie es dazu gekommen ist. Eines Tages habe ich sein ganz persönliches, geheimes Lager entdeckt. Zufällig, Katerehrenwort! Neben einer unglaublich umfangreichen Sammlung von Papierkügelchen und einer alten zerrupften Vogelfeder fand ich seine sorgfältig festgehaltenen Aufzeichnungen über besondere Episoden und Erlebnisse in seinem Hauskaterleben.

Fast hätte Paul mich damals – wegen Verletzung seiner Intimsphäre – aus dem Haus gejagt. Es war die erste und oberkaterlob einzige pfotenfeste Auseinandersetzung, die wir jemals hatten. Mein ausgefranstes rechtes Ohr zeugt heute noch davon. Nachdem sich jedoch die Wogen geglättet haben, konnte ich ihn, durch hartnäckige Überredungskunst, sogar davon überzeugen, dieses einmalige, zeitgeschichtliche Zeugnis seines Daseins, seiner aufregenden Erlebnisse und selbstverständlich auch seines wissenschaftlichen Schaffens der Öffentlichkeit zugänglich zu machen – natürlich alles in Originalton Paul. Denn immerhin wird es bisher selten die Möglichkeit gegeben haben, so viel Wissenswertes über verborgene Wünsche und Bedürfnisse, tatsächliche Anforderungen und tiefste Abneigungen eines Hauskaters an interessierte Zeitgenossen weiterzugeben. Als wir nach ausgiebiger Recherche in Andreas Steinbach auch noch den geeigneten Menschen fanden, der die Geschichten gefühlvoll und treffend illustrieren konnte, stand einer Umsetzung nichts mehr im Weg.

Das Ergebnis dieser Kater-Mensch-Kooperation, liebe Leserin, lieber Leser, halten Sie nun in Form des Buches PAUL in Ihren Händen. Vielleicht steht ja sogar eine Erklärung für etwas darin, was Sie schon immer über Ihre Katze oder Ihren Kater wissen wollten. Sollte die eine oder andere katzentypische Formulierung für Sie nicht so ohne weiteres nachvollziehbar sein, können Sie die Bedeutung der betreffenden Stelle im Glossar ab Seite 123 ff nachschlagen.

Aber jetzt genug der vielen Worte, ich wünsche Ihnen viel Spaß mit Paul und seinen katrigen Geschichten und grüße Sie herzlich

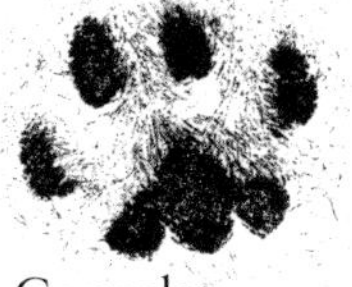

Gonzalez

Einfach rücksichtslos, diese Menschen

Als Hauskater hat katz nur engbegrenzte Möglichkeiten zur Entfaltung seiner Persönlichkeit. Dazu gehört auch die freie Auswahl und regelmäßige Verfügungsmöglichkeit neuer Lieblingsplätze – seien sie auch noch so außergewöhnlich.

Diese wissenschaftlich fundierte und in Katzenkreisen anerkannte Tatsache hat sich jedoch bis zu meinen Menschen noch nicht herumgesprochen. Eher scheint es der Fall zu sein, daß sich ihre Kreativität und ihr Engagement ausschließlich dem Erfinden und Aufstellen von Fernhaltemechanismen hinsichtlich meiner katerlichen Person von solchermaßen auserkorenen Plätzchen widmen.

Geradezu unbeschreiblich grotesk sind die Auswüchse ihrer Phantasie, wenn es darum geht, mir spontan ans Herz gewachsene Liege-, Sitz- und Sonnenplätze nachhaltig zu vergällen. Selbst das sonst als so wichtig hervorgehobene Wohn-Ambiente wird bei diesen Aktionen radikal mit Füßen getreten.

Oder welches Lebewesen mit dem auch nur geringsten Sinn für Ästhetik könnte es ertragen, sich langfristig mit „hasendrahtumspannten" Designerlampen und -möbel zu umgeben und in einem Urwald von mit Schaschlikspießen gespickten Pflanzenschüsseln zu sitzen?

Und das Sofa – ein Bild des Grauens. Dick umhüllt mit einem alten, verbrauchten, riesigen Etwas, wodurch zu allem Überfluß auch sämtliche Schmusekissen meinem schnellen und problemlosen Zugriff entzogen sind. Einfach empörend.

Lustig wird es, wenn unvorhergesehen Menschengäste vor der Türe stehen. Welch ein Hin und Her, untermalt mit Zurufen wie „schnell, Laken vom Sofa", „Gitter weg vom Regal" und, und, und ... Die Spieße bleiben übrigens da, wo sie sind.

Die Tatsache, daß neben den erwähnten Spießen meist auch noch manch anderer katerschindende Zierat in solch einem Fall nicht rechtzeitig entfernt werden kann, führt natürlich oftmals unausweichlich zu unbequemen Fragen seitens der Gäste. Die Antworten – zum Wolf damit – sind jedesmal eine unverzeihliche Verunglimpfung meines Selbst.

„Ach wißt ihr, der Paul ist so ungezogen und macht dies sonst kaputt oder jenes schmutzig“, da bleibt einem doch jedes Schnurr und Miau im Halse stecken. Am schlimmsten ist es, wenn der Besucher selbst Lebensgefährte eines Artgenossen ist, „so etwas würde meine Muschi nie machen“, mutieren die schlimmsten Besen gleich zu den liebsten Schmusekätzchen. Ich dagegen werde beäugt wie der übelste, verlauste Straßenkater.

Aber noch mehr erbost mich, daß ich bald schon alles ausprobiert habe und die interessanten Dinge komplett unter Tüchern und hinter Gittern verschwunden oder mit irgendwelchen anderen Katerabwehrmechanismen versehen sind – wo bleibt da mein eingangs erwähntes Recht auf Selbstverwirklichung?

Inzwischen konzentriert sich meine Lieblingsplatzauswahl überwiegend auf Standorte, die von meinen Leuten nur schwerlich verhüllt oder verunstaltet werden können. Dinge des täglichen menschlichen Gebrauchs zum Beispiel, wobei kleinere bis mittlere Hindernisse einfach und unbürokratisch elegant entfernt werden.

Die Hausbeet-Affäre

Weiche, frische Erde, ein gut gefüllter Sandkasten, hohes Gras oder wenigstens frisch gefallener Schnee, von solchen Toiletten-Ereignissen kann ich armer Hauskater nur träumen. Statt dessen eine doofe Plastikwanne mit einem ebensolchen Deckel, aufgefüllt mit mal mehr, mal weniger frischem Steinzeug aus der Tüte.

Eigentlich eine Zumutung, aber was bleibt mir anderes übrig. Kaum habe ich diesbezüglich einmal meine Kreativität spielen lassen und mit so interessanten Alternativen wie zum Beispiel Blumentöpfen, Altpapierkiste, Sofakissen experimentiert, wird mein Frauchen zum kreischenden Monster – ehrlich unvorstellbar.

Katz hört und sieht ähnliches ja mitunter in dieser seltsamen Beschäftigungskiste, vor der die Menschen einen nicht unerheblichen Teil ihrer Zeit verbringen. Gruselfilm nennt sich das dann. Weil ich nun nie weiß, ob bei oben erwähnter Gelegenheit vielleicht so etwas Ähnliches gerade mit Frauchen passiert, bin ich in solch einem Fall vorsichtshalber für einige Zeit verschwunden. Der Sicherheit wegen.

Da die bisher ausgetesteten Ersatzhausbeete sowieso nicht unbedingt der Weisheit letzter Schluß sind, bin ich natürlich dennoch weiterhin eifrig und stetig bemüht, das Optimum herauszufinden!

Auf eine amüsante Übergangslösung für zwischendurch bin ich bei meinen Recherchen – Oberkater sei Dank – bereits gestoßen. Ich befinde mich ordnungsgemäß im vorgeschriebenen Hausbeet, „vergesse“ aber mein Hinterteil ganz durch das Schlupfloch zu holen. Mein Hausbeet bleibt sauber, ich habe mit der Sache außerhalb der Kiste nichts zu tun. Wie sollte ich auch?

Ärger gibt es allerdings trotzdem, nur anders, eher harmlos. Denn Frauchen findet: „Da kann der Arme eigentlich nichts dafür, wie soll er denn merken, was passiert. Wenn man ihn recht schimpft, weiß er doch gar nicht, was los ist, und hat vielleicht sogar Angst, wieder auf sein Katzenklo zu gehen.“

Ja, ja, wenn sie meint, nur weiter so. Da kommt bei mir richtig Freude auf.

VOGUE

Die Qualitätsprüfung

In Wohnungen existieren nachweislich nur beschränkte Erlebnisräume. Da in solch einem abgeschlossenen System Fremdartiges nicht einfach so zufällig passiert, sind neue Eindrücke und aufregende Zwischenfälle absolute Mangelware.

Das heißt, katz muß sich mit der geringfügigsten Kleinigkeit zufriedengeben. Leider zu selten geschieht etwas vergleichsweise Großartiges. Soeben, glaube ich, bahnt sich jedoch etwas dieser Kategorie an. Meine Menschen schleppen nämlich eine riesige Kiste herein.

Platz da, ich bin der erste, der da reinschaut. Beim Wolf noch mal, ist das aufregend – ein Pappkarton, fast so groß wie der Raum – vollgestopft bis oben hin. Na ja, am meisten Platz benötigt ein riesiger schwarzer Kasten, den die Menschen offenbar am interessantesten finden. Ich weniger, ihnen zuliebe katalogisiere ich ihn schnell und nehme ihn in meine Bestandsliste auf.

Dann flugs rein in die Kiste, untertauchen in die warmen, leichten Stückchen und sehen, ob Brauchbares zu ergattern ist. Von dieser oberen Füllung muß ich unbedingt einen Teil beiseite schaffen, so etwas wird immer viel zu schnell aufgeräumt.

Am Boden der Kiste angelangt, fühle ich ordentlich zusammengebundene Kabel unter meinen Pfoten. Da gibt es hier überall schon Mengen davon. Kabel in den verschiedensten Formen, Farben und Stärken, geringelt und glatt, kurz oder lang – ein regelrechtes Kabelmeer! Aber eben alt und uninteressant.

Damit habe ich bereits all das gemacht, was einem als Hauskater so einfällt. Knäuel gebaut und mit den Hinterpfoten bearbeitet, gepackt und weggezerrt, gerollt und gekugelt, inmitten eines undurchsichtigen Kabelsalates, und schließlich, im Dienste der Qualität, Widerstandsfähigkeit und Lebensdauer an Hand des berühmten Paul-Bißtestes überprüft. Immerhin konnte ich auf diese Art meine Menschen schon einmal vor Schlimmerem bewahren. In betreffendem Fall verlief die Qualitätskontrolle negativ.

Das Kabel sah von vornherein überaus fadenscheinig aus, hauchdünn und weich, von Festigkeit keine Spur. So hat dann auch ein Biß genügt, und ich hatte zwei Teile vor mir liegen. Aber statt voller Dankbarkeit meinen uneigennützigen Einsatz gebührend zu entlohnen, gab es Geschrei und Gezeter. Unflätig hieß es: „Jetzt hat das Vieh glatt mein Kopfhörerkabel durchgebissen!“

Vieh! In Wirklichkeit bin ich der Sicherheits-Kater, der auf technische Mängel aufmerksam macht. Derart ungerechte Behandlung von Überbringern schlechter Nachrichten gab es ja schon zu früheren Zeiten. Was dabei fast noch unangenehmer ist: Mein hyperbesorgtes Frauchen kehrt nach diesem Vorfall wieder all ihre schlimmsten und dunkelsten Befürchtungen hervor.

Wenn sie sonst meine verschiedenen Kabelspiele und Qualitätsprüfungen lustig und niedlich fand, so versucht sie jetzt diesbezügliche Aktivitäten meinerseits unverzüglich zu stoppen mit den Worten: „Das muß man ihm abgewöhnen, wenn er mal ins falsche beißt, dann passiert es!“ Wobei ihr „es“ nach etwas unaussprechlich Fürchterlichem klingt ... Aber ich glaube, sie übertreibt nur einfach wieder maßlos. Beim letzten Mal ist mir schließlich rein gar nichts passiert. Also, was soll das!

Cäsar gehört ins Blumenbeet

Gelegentlich wundere ich mich, was sich Senioren so alles einbilden. Vor allem mein „Mitkater“ Cäsar. Ohne Zögern und bar jeden Widerspruchs von seiten meiner Menschen darf er einfach mein persönliches Hausbeet für seine Bedürfnisse nutzen! Ekelhaft! Ich möchte wissen, was Frauchen dazu sagen würde, wenn jeder Hinz und Kunz von der Straße reinkäme und ihre Toilette benutzen würde.

Das ist es ja überhaupt: Cäsar darf einfach alles. Den ganzen Tag – raus und rein, rein und raus, aufs Sofa, ins Menschenzimmer – sogar auf das Bett! Wann immer ER will. Und ich? Ich darf höchstens an der Leine raus – wie aufregend. Dafür bin ich grundsätzlich drin und kann nur zu bestimmten Zeiten in Begleitung ins Menschenzimmer. Auf dem Sofa soll ich gefälligst meine Decke benutzen. Irgendwann ist es soweit und sie errichten für mich einen Schilderwald mit Hinweisen, was ich darf und was nicht, oder sprühen „Katzen-Feind“ an meine Lieblingsplätze.

Aber das ist etwas völlig anderes, ich bin ein Hauskater und wohne ständig mit in der Menschenwohnung, da gibt es einfach bestimmte Regeln. Wenn ER zu Besuch kommt, muß man sich geehrt fühlen und IHN als Gast verwöhnen, sagt Frauchen! Unverschämtheit! Und angeblich ist ER ja so sensibel, eigenwillig und nachtragend, darum muß man IHN mit Samthandschuhen anfassen! Wenn ich ihm jedoch mit meinen Samtpfötchen einmal die Meinung sagen will, gibt es unverzüglich Ärger. Mit Frauchen und mit ihm. So viel Aufhebens nur um einen alten rothaarigen Trampel. Sieht affig aus, benimmt sich zickig und kehrt auch noch Chef-Allüren hervor – unterstützt und stolz kommentiert von IHR natürlich: „Schau mal, Cäsar ist der uneingeschränkte Boß von allen anderen“... Was für ein ausgemachter Blödsinn!

Die stecken manchmal regelrecht unter einem Fell. Klar, ER der Sohn von Frauchens erster Katze, der bereits dreimal mit umgezogen ist, immer schon raus und rein durfte, wie es beliebte, hochintelligent und bildschön. Ich kann und will nichts mehr davon hören! Darum habe ich jetzt den Plan gefaßt, ein für allemal festzulegen, wer hier DER KATER im Haus ist: Das Lieblings-Paulchen bin ICH! Mein Hausbeet gehört MIR! Der rote Sack soll schauen, daß er dahin geht, wo er herkommt: raus in den Garten ins öffentliche Blumenbeet, und zwar schnell! Und was mein ganz persönliches Hausbeet betrifft, da weiß ich längst, was demnächst zu tun ist, um Cäsar die Freude daran nachhaltig zu verderben ...!

Mißglückter Liebesbeweis

Eigentlich ist sie stark in Ordnung, meine Menschin. Von Zeit zu Zeit kann ich überhaupt nicht von ihr lassen und möchte rund um die Uhr von ihr geherzt und unterhalten werden. Aber sie muß ja dauernd hin und her laufen, mal hier und mal dort was erledigen, hie und da etwas aufräumen. Sie hat einfach keine Ruhe.

Wir Katzen können doch auch fast den ganzen Tag am gleichen Plätzchen liegen und das Dasein genießen. Darum sind wir auch so ausgeglichen, ruhig und rundum zufrieden.

Menschen sind das nicht und Frauchen schon gleich gar nicht. Sonst wäre es nicht zu diesem unangenehmen Zwischenfall gekommen, nur wegen eines auf dem Boden liegenden Knüllpapiers.

Eine meiner Lieblingsbeschäftigungen, wenn Frauchen da ist, ist Schultersitzen oder besser: -liegen. Das ist höchst komfortabel und überaus interessant. Die Beliebtheit dieser Aktion bei der Menschin variiert von „nicht erwünscht“ bis „voller Stolz und Freude willkommen“, wird aber jedesmal mindestens für kurze Zeit in Kauf genommen. Das vermerke ich deswegen, weil man dem heutigen Vorfall sonst gewisse Hintergedanken unterstellen müßte.

Jedenfalls wollte ich mal wieder Schultersitzen und setze dynamisch zum Start an, als sie just in dem Moment das bereits erwähnte Papier vom Boden aufhebt. Der Rest ist leider unaussprechlich!

Eigentlich bleibt nur noch die Frage offen: War's Absicht oder Zufall ...?

Mindestens dreimal in der Woche

Hauskater müssen sich an ein strenges Fitneßprogramm halten, sonst verlieren sie ihre grazile Elastizität. Dazu gehören auch Dehn- und Streckübungen. Wie beispielsweise mit gestreckt aufgerichtetem Körper, auf den Hinterpfoten stehend, die Krallen an den höchsten, noch erreichbaren Stellen wetzen.

Ein besonderes Vergnügen ist das an unseren Wänden. Da klebt überall so ein rauhes Papier, das fetzt und reißt so toll. Leider geht das nur, wenn meine Leute nicht da sind, die haben dafür überhaupt kein Verständnis.

Aber wenn ich ungestört bin, das ist ein Traum! Rein mit den Krallen, rupfen und reißen, daß jeder Muskel beansprucht wird. Hin und her, rauf und runter, ein tolles Programm. Bald bröselt's und staubt's – auch nicht schlecht, denn das freigelegte Steinzeug darunter feilt die Krallen vorzüglich.

Leider wird die Freude darüber jedesmal jäh getrübt. Tobendes Frauchen, schimpfendes Herrchen – immer wieder. Darauf kann katz sich verlassen. Oberkater sei Dank, habe ich ja ein dickes Fell. Wo es doch einfach zu schön ist, um es bleiben zu lassen.

Inzwischen scheint die Mißstimmung darüber jedoch langsam zu eskalieren. Frauchens Verwünschungen zu dem Thema werden stetig unfreundlicher. Ihre Vorstellungen sind allerdings fern jeglicher Realität. Da bin ich mir ganz sicher. Zumindest fast ganz sicher.

Besuch von Lenny

Hin und wieder kommt eine Frau zu Besuch, die eigentlich recht nett ist – wären da nicht ihr Hund Lenny und ihr Kater Micky. Zu letzterem komme ich an anderer Stelle – der wohnt bei uns ab und zu vorübergehend, da erlebe ich so einiges.

Heute jedenfalls war Lenny schon wieder hier. Grauenhaft: total verzogen, überall dabei, ständig lästig und schleckend, winselnd, bellend, wedelnd und sabbernd. Und natürlich ohne jeglichen Respekt vor dem Kater des Hauses.

Immerhin bin ich den Umgang mit derartigen Möchtegernwölfen gewöhnt. Aber mein Mitbewohner Carlo – den mein Frauchen, ohne zu fragen, irgendwann angeschleppt hat, aus Mitleid, wie es hieß – weiß wenigstens, wo seine absoluten Grenzen sind. Meistens jedenfalls. Lenny nicht. Ich glaube, er ist einfach dumm und vergißt von einem aufs andere Mal, wer das Sagen hat.

Und das, obwohl er mindestens drei- bis viermal im Monat hier auftaucht! Trotzdem jedesmal derselbe Unfug: mich stürmisch und feucht begrüßen, mit mir spielen wollen – da wird das Kätzchen im Milchtopf verrückt, wie es bei uns so schön heißt.

Ich kann drohen und fauchen, solange ich will, er fängt immer wieder an. Bis mir der Kragen platzt und ich ihm schmerzhaft und eindeutig klar mache, wo es langgeht! Jedesmal geht dann das markerschütternde Gejaule und Geschrei von Lenny und seinem Frauchen los.

„Dieser Paul ist so ekelhaft und böse, mein Lenny will doch nur spielen!“ Na und, ich möchte meine Ruhe und nicht, von Sabber überzogen und von Hundemief umwölkt, am Boden kugeln. Das ist wirklich widerlich!

Ein Zimmer voller Überraschungen

In meinem Revier befindet sich ein seltsamer Raum, der fast ausschließlich von meinen Menschen genutzt wird. Sehr häufig sogar und mit einer ziemlich exakten Regelmäßigkeit. Manchmal nur kurz, dann wieder wahnsinnig lange. Und Menschengäste gehen da auch oft hin.

Ich mag dieses Zimmer überhaupt nicht. Einerseits, weil dort grundsätzlich die Türe verschlossen ist – bei uns sonst eher unüblich. Andererseits, weil an diesem Ort die unheimlichsten Dinge geschehen. Auch die Ausstattung an sich ist alles andere als katerfreundlich. Es gibt nichts Kuscheliges, Gemütliches, lediglich überall, wohin katz schaut, glatten Stein in verschiedener Art, kaltes Glas und glitzernden Edelstahl.

Das Schreckliche jedoch sind die Geräusche und das Wasser überall. Immer wenn einer meiner Menschen dort zugange ist, dann rauscht, blubbert, faucht und raspelt es – oftmals geradezu ohrenbetäubend. Es gibt auch eine Art Apparatur, damit könnte man auf einen Schlag eine kleinere Katze mittels eines einzigen Wasserstrahls problemlos verschwinden lassen. Ich bin – Oberkater sei Dank – zu groß dazu. Glaube, nein, hoffe ich!

Darüber hinaus existieren „miaue und markiere“ drei weitere Stellen, an welchen meine Leute mit Wasser herumspritzen. Schrecklich, ich verstehe das überhaupt nicht. Einzig die riesige Wasserschüssel, die sie mit Wasser füllen und sich dann bar ihres Pseudofelles reinsetzen, übt gewisse Reize auf mich aus, beflügelt sogar meine Phantasie.

Und dann gibt es dort noch diese geniale Rolle, mal mehr oder weniger dick gepolstert mit flauschigem, reißfreundlichem Papier. Die aufregenden Erlebnismöglichkeiten mit dieser Ersatzbeute lassen mich zeitweise die unangenehme Atmosphäre dieses Wasserzimmers schlichtweg vergessen.

Je dicker die Rolle, desto abwechslungsreicher das Spiel. Sei es die blitzschnelle Verwandlung des guten Stückes in einen Berg von Häckselware, das akkurate Einhüllen der Wasserzimmer-Ausstattung in kreuz und quer verlegte Bahnen oder einfach ein Bad meiner katerlichen Person in einem wirren Haufen von Papier.

Jedesmal ist es eine gelungene Abwechslung und amüsante Bereicherung im eintönigen Hauskaterleben. Da lohnt es sich direkt, mich ab und zu im ungeliebten Wasserzimmer heimlich einzuschleichen und einsperren zu lassen. Leider teilen Frauchen und Herrchen meine Begeisterung über die verschiedenen Rollenspiele nicht mit mir. Aber was soll's. Hauptsache, ich komme trotzdem hin und wieder auf meine Kosten und habe zwischendrin die Möglichkeit, neue Eindrücke zu sammeln.

Die Erfindung

Ich habe in meinem Indoor-Revier einen echten Kratzbaum. Wirklich! Nicht so ein beplüschtes beige-braunes Schreckensgestänge „Modell Kätzchenglück“, keine heimlich als solchen verwendete Topfpflanze, sondern einen richtigen, natürlichen Minibaum mit schön rauher Rinde.

Nebenbei bemerkt, die oben erwähnte Topfpflanze habe ich natürlich auch in vielerlei Ausführungen, freilich nur gelegentlich. Auf meinen Baum bin ich sogar richtig stolz, den hat nicht jeder Hauskater. Komischerweise muß selbst dieser rote Cäsar jedesmal, wenn er hier ist, daran herumkrallen. Als ob der draußen nicht genug Auswahl hätte.

Genau das ist auch so ein Thema: die Auswahl. Gut, neben meinem Baum, der Dank Cäsars „Hilfe“ schon stark abgewetzt ist, den Topfpflanzen, der an anderer Stelle näher beschriebenen Wandflächen, dem Sofa und noch so ein paar Sachen, habe ich schlichtweg nichts zum Variieren. Das ist so langweilig, da könnte ich schier einschlafen während des Wetzens.

Oberkaterlob, gibt es auch noch meine ultimative Lieblingswetzstätte: Ein uralter, bröseliger Holzkasten mit einer stillgelegten Wohnanlage für Mini-Höhlenbewohner. Eindeutig Sperrmüll, wenn man mich fragt. Aber gerade dort ist es ein so herrliches Gefühl, wenn das alte poröse Holz unter den Pfoten splittert, spreißelt und reißt.

Da mich allerdings eh keiner fragt, scheinen meine Menschen leider nicht so genau wie ich darüber informiert zu sein, worum es sich bei diesem alten Stück handelt. Deshalb ist der „unbekannte“ Täter übelster Verfolgung ausgesetzt, konnte jedoch bislang weder eindeutig identifiziert noch dingfest gemacht werden.

Bis heute morgen. Da steckten nämlich noch verträumt alle meine Krallen in dem weichen Holz, als Frauchen um die Ecke schlich. Was dann kam, darüber spreche ich nicht gerne. Schließlich möchte ich niemandem die Laune verderben oder ein schlechtes Bild von meinem Frauchen vermitteln.

Auf alle Fälle, ist mir dieses Theater wegen eines alten Ofenholzes völlig unverständlich. Zumal sich in meinem Revier noch einige weitere solcher alten Teile befinden. Da es sich bei besagtem Kasten jedoch um mein bevorzugtes Wetzstück handelt, arbeite ich gerade an einer neuen Erfindung, die es mir ermöglicht, ohne persönlich Pfote anzulegen, das süße Geräusch rieselnder Splitter und Spreisel zu „erleben". Dann kann mich keiner mehr „in flagranti" erwischen, denn ich bin es ja eindeutig nicht, der da wetzt.

Irgendwann im Februar

Frauchen kommt mitten in der Nacht in alberner Stimmung nach Hause und schmeißt sich kichernd neben mich auf den Boden. Sehr befremdlich zwar, aber ein unbekannt verlockender Duft aus ihrer Jackentasche läßt mich ihr seltsames Verhalten ignorieren.

Also fummle ich solange mit Zähnen und Pfoten an ihr herum, bis ich mit einer Kralle das geheimnisvolle „Etwas“ erwischen und herausziehen kann. Ein grünes Papierkügelchen! Frauchen findet meine Begeisterung für das Kügelchen „wahnsinnig niedlich“ und lacht Tränen, als ich es zuerst behutsam, dann heftiger über den Boden jongliere. Unglaublich, was sich Menschen für ihr sogenanntes „Faschingstreiben“ alles einfallen lassen und es gar nicht so zu schätzen wissen wie unsereiner. Na, Hauptsache, ich habe endlich meine definitive Lieblingsersatzbeute gefunden. Diese verhält sich jedoch nicht besser als jede Maus. Nach einigen Spiel- und Jagdeinsätzen „verrollt“ sie sich plötzlich in ein unzugängliches Eck und kommt einfach nicht wieder hervor – trotz stundenlanger Lauer.

Wie immer schwer von Begriff, kommen meine Menschen erst nach einiger Zeit einmal auf die Idee nachzusehen, was denn das Objekt meiner Begierde unter dem Schrank ist. Zug um Zug werden verstaubte Dinge zutage gebracht und mir zur Begutachtung vorgelegt: ein Stift, ein Papierknäuel, ein Korken, ein Radiergummi, ein Manschettenknopf ... Um Oberkater willen, was denken die denn von mir, alles alte Kamellen! Hinten links im Eck – das Kügelchen!

Endlich bemerken sie es! Krallen rein und weg! In wilder Jagd, durch alle Zimmer, stundenlang, tagelang immer wieder, bis ... Ja, bis Carlo, dieser eklige Dummkopf von einem Riesenwolf, es in seinem schlabbrigen Maul verschwinden läßt, minutenlang testet, ob es eßbar ist, und es mir dann kurzerhand vor die Pfoten spuckt. Verdächtig schillernd, dunkler in der Farbe und einen üblen Geruch ausströmend, liegt es nun da, ein jammervoller Anblick. Frauchen hat es gesehen, erbarmt sich meiner und entzieht es endlich, aber endgültig meiner Sicht. Und ich, ich bin maßlos entsetzt, will nur noch mein Kügelchen betrauern. Meine Menschen meinen es gut mit mir und kommen pausenlos mit neuen Ersatzbeutevorschlägen: ein Tischtennisball, ein Golfball, ein Wollknäuel, eine Kastanie, ein Pillendöschen ... Ich langweile mich zu Tode und bleibe in Erwartung eines inhaltslosen Lebens einfach liegen.

Einige Tage später: Meine Menschen tuscheln und kichern, als sie abends heimkommen, so auffällig herum, daß ich mich ausnahmsweise einmal wieder vom Fensterbrett herunterbemühe und nachsehe, was los ist. Ungeachtet meiner anhaltenden Depressionen, schlagen sie mir unverschämterweise einfach die Tür vor der Nase zu. Schon will ich mich ernsthaft beleidigt zurückziehen, aber hinter der Tür knistert und lacht es so geheimnisvoll, daß ich einfach zu neugierig bin und abwarte. Bald werde ich dann auch feierlich hereingerufen ...

Ich denke, mich laust der Tierarzt: Ein riesiger, durchsichtiger Sack voller bunter Papierkügelchen steht vor mir auf dem Boden! Mit einem kraftvollen eleganten Jagdsprung befördere ich gleich mehrere heraus, flugs geht's los in heller Aufregung! Bis tief in die Nacht hole ich alle versäumten Stunden seit dem schrecklichen Ereignis mit Carlo nach, jage unermüdlich meine Lieblingsersatzbeute und bin der glücklichste Kater der Welt. Eigentlich sind sie ja doch ganz brauchbar, meine Menschen.

Zwei Strohwitwer

„Katerwirtschaft" ist angesagt, unser Frauchen hat sich für ein paar Tage aus dem Staub gemacht. Was davon zu halten ist, ist mir noch nicht völlig klar. Obwohl bereits fast Mittag, ist von Herrchen nichts zu sehen, mein Frühstück noch abgängig und mein Hausbeet noch nicht ausgeräumt. Und das alles bei verschlossener Türe zum Menschenzimmer.

So etwas passiert bei Frauchen nie! Andererseits bin ich selbst erst aufgestanden, der Hunger ließ mich nicht länger schlafen. Deshalb habe ich inzwischen meine langfristigen Beobachtungen zum Thema „Öffnen einer Futterhaltbarkeitsschranktüre" praktisch umzusetzen versucht. Muß katz doch ausnützen, wenn Frauchen davon nichts mitbekommen kann.

Und ich hatte das allererste Mal in meinem bisherigen Katerdasein Erfolg damit. Auf Anhieb sogar! Fast glaube ich, sie war nicht richtig zu. Herrchen halt ...! Im ersten Moment etwas von der Eiseskälte irritiert, die mir entgegenschlug, wühlte ich bald, fast ganz darin verschwindend, in diesem einzigartigen Beute-Schlaraffenland und deckte mich reichlich mit den exquisitesten Leckerbissen ein.

Ein wahres Fest war das! Jetzt bin ich rundum satt und wohlig müde. Da Herrchen immer noch nicht auf der Bildfläche erschienen ist, werde ich wohl gleich eines meiner Alternativ-Hausbeete aufsuchen müssen, bevor ich mich noch einmal hinlege. Ich kann das Original einfach nicht riechen, wenn es nicht regelmäßig gewartet wird. Was ist er auch so verschlafen!

So, das hätten wir. Die Erde der Pflanze war sowieso total ausgetrocknet, also ist es sogar ein gutes Werk gewesen. Jetzt Ausschau nach einem außergewöhnlichen Plätzchen halten und in ein ausgiebiges Mittagsschläfchen versinken. Irgendwann wird Herrchen schon auftauchen. Hat ja recht, es ist so richtig toll, wenn katz tun und lassen kann, was katz will, ohne daß jemand sich dazu äußert.

Plötzlich, fast dämmert es bereits, weckt mich ein Rumpeln und Scharren. Herrchen reinigt endlich das Hausbeet! Das Stilleben rund um den Futterhaltbarkeitsschrank hat er auch schon entsorgt. Fleißig, fleißig! Alles sogar gänzlich ohne bissige Kommentare. Wahrscheinlich das schlechte Gewissen, ich wäre sonst schließlich verhungert.

Nach meiner Abendration – nahezu doppelte Portion gegenüber Frauchenzuteilung – geselle ich mich zu ihm aufs Sofa vor den flimmernden Bilderkasten, Actionfilme anschauen. Auch hier wahrlich paradiesische Zustände: auf dem Tisch in Pfotenlänge entfernt die vielfältigsten Leckereien. Herrchen und ich brauchen nur zuzugreifen und ausgiebig zu genießen, ohne im geringsten auf die Zeit zu achten.

Später in der Nacht, mein Strohwitwer-Mensch hat sich seit geraumer Zeit auf seinen Schlafplatz zurückgezogen, mache ich noch eine Expedition in den geheimnisvoll dunklen Hausflur. Dort komme ich sonst so gut wie nie hin, heute jedoch war die Türe nur angelehnt, da ist es ein leichtes. Flugs die Treppe rauf und runter, die Keller- und Speichertüren sind leider unüberwindbar, und dazwischen Carlo ärgern. Der schaut vielleicht dumm, meint wohl, der Hausgang wäre immerzu ausschließlich für ihn.

Langsam komme ich so richtig in Fahrt, gut ausgeschlafen, wie ich bin. So eine unverhoffte Reviervergrößerung beflügelt. Das Treppenhaus immer wieder von oben bis unten und umgekehrt genutzt, rein ins „Alt"-Revier und wieder raus ins „Neu"-Revier. In der Wohnung im Vorbeilaufen schnell das amtlich aussehende Kuvert für Frauchen von der Kommode in die darunterstehende Altpapierkiste geschubst! Sie ist ja nicht da, außerdem beschwert sie sich ständig über solche Post.

Schließlich ein letztes Mal Carlo angesprungen, ein paarmal noch getratzt und dann: ab durch die Mitte in mein Katerappartement – den ereignisreichen Tag mit Gemütlichkeit ausklingen lassen. Hoffentlich wird es morgen wieder so nett und aufregend! Lustig wird es allemal! Für Herrchen habe ich mir nämlich einen besonderen Spaß ausgedacht! Wenn ich es genieße, daß Frauchen nicht da ist, weil alles so herrlich locker läuft, soll wenigstens er sich nur eines sehnlichst wünschen: daß Frauchen schnellstmöglich wieder da ist. Wäre ja sonst gemein, ihr gegenüber.

Design oder nicht Design

Regeln im häuslichen Alltag hin oder her – persönliche Eigenheiten sollten zum Erhalt einer reibungslos funktionierenden Kater-Mensch-Beziehung prinzipiell von allen Betroffenen akzeptiert werden. So habe ich zum Beispiel spezielle Eßgewohnheiten, die zudem für ein abwechslungsreiches und interessantes Teppichdesign sorgen. Frei nach dem Motto: Einfarbig ist *out*, unregelmäßige Muster sind *in*.

Einzig meine Menschen verstehen das nicht. Jeden Tag gibt es zu diesem Thema Ärger. Ich übertreibe nicht, wirklich jeden Tag. Ich sage ihnen ja auch nicht, daß ich die zickige Esserei mit den verschiedenen Stängelchen oder was das sein soll, affig finde. Wozu haben sie denn ihr Riesengebiß und ihre langen, komisch beweglichen Krallen an den Vorderpfoten?

Wahrscheinlich wäre es ihnen am liebsten, ich würde auch mit solchen Prothesen „speisen". In ihrem Drang, mir ihren Willen in puncto Eßkultur aufzudrängen, hatten sie sogar einmal die glorreiche Idee, mich oberhalb meines Speiseplatzes an einem Handtuchhalter festzubinden, damit ich nicht dazu komme, den Teppich zu verschönern. Und so jemand nennt sich Katzenfreund!

Aber da bin ich sofort in Hungerstreik getreten, und alles war – Oberkater sei Dank – schnell wieder beim alten. Das wird auch gut so sein. Es gibt für mich nun mal nichts Schöneres, als verschiedene Häppchen über den ganzen Beuteraum zu verteilen und genüßlich so nach und nach zu verzehren.

Soviel Toleranz, daß ich diese Gepflogenheiten ungehindert beibehalten kann, sollte ich wohl mindestens von meinen Menschen erwarten können, zumal ich damit auf dem Boden bleibe. Die essen immerhin ihr Zeug grundsätzlich auf einem extra hohen Napfpodest, an den sie sich jedesmal erst noch umständlich hinsetzen müssen! Ist auch nicht unbedingt anspruchslos, oder?

Die Jagd

Lebende Beute ist eine Rarität in meinem Hauskaterleben. Aber wenn es einmal etwas dieser Art in meine Räumlichkeiten verschlägt – Halali, dann geht die Post ab! Ob die Beute fliegt, rennt oder kriecht, ist egal, es heißt nur: nichts wie hinterher!

Vor allem die Fliegenjagd ist etwas Besonderes. Durch ihr flinkes Flugvermögen mir gegenüber einerseits ganz schön im Vorteil, sind sie andererseits durch den ungewohnt eingeschränkten Luftraum stark irritiert. Und mit viel Geduld stöbere ich sie sowieso fast überall auf. Ich bin nämlich intelligent, und die – na ja, lassen wir das.

Jedenfalls ist so ein unbekanntes Flugobjekt in meiner Wohnatmosphäre jedesmal wieder ein wahres Fest. Je störrischer und hartnäckiger das Objekt meiner Begierde meinen Absichten widersteht – desto besser! Hinterher, durch alle Räume, auf die Couch, über Schränke und Blumentöpfe, Tische und Stühle.

Doch was ist jetzt – plötzliche Stille, bis auf die manchmal herunterfallenden und zerberstenden Gegenstände. Was diese Menschen auch überall für unnützes Zeug herumstehen haben! Aus Materialien, die sofort kaputtgehen, wenn katz sie nur von einem Schränkchen schubst. So etwas braucht wirklich keiner.

Da summt es wieder, mein Geschöpf – also weiter in wilder Jagd über Stock und Stein, fast hätte ich die Scheibe übersehen! Jetzt höre ich nichts, schon ist wieder Ruhe. Wenn Frauchen das sieht, ich weiß nicht so recht ...? Ha, da ist es erneut, dieses Biest!

Jetzt ist es endgültig genug, ich muß es kriegen! Vielleicht mache ich erst mal eine Pause, denn irgendwann erwische ich sie immer. Nur schade, daß ich nicht telefonieren kann, sonst könnte ich schnell Handwerker zur Renovierung und eine Putzkolonne zum Großreinemachen anfordern. Das wäre die einzige Möglichkeit, Frauchen annähernd zu besänftigen, vorausgesetzt, sie müßte nichts dafür bezahlen. Aber das ist leider nur Wunschdenken.

Vielleicht kommt wenigstens Herrchen zuerst nach Hause. Der nimmt solche Vorkommnisse nicht so persönlich und würde sicher etwas aufräumen. Hoffentlich, warten wir es einmal ab. Jetzt gilt es erst, ein Schläfchen zu machen, um fit zu sein, wenn die Fliege wieder auftaucht. Dann geht die Jagd in die nächste Runde. Das versteht sich von selbst, oder?

Der fremdartige Neuankömmling

Frauchen war heute sehr lange unterwegs und ist soeben wiedergekommen. Jetzt herrscht bei meinen beiden Menschen eine seltsame Stimmung und eine nicht nachvollziehbare Betriebsamkeit.

Vom Fensterbrett aus sehe ich sie allerlei komische Säcke und Kisten aus dem Auto laden, die sie aber nicht zu mir hereinbringen. Wo ich doch so neugierig bin, wenn es um Neuanschaffungen geht!

Herrchen läuft gerade mit einer höchst seltsamen Gitterkonstruktion – sieht aus wie eine Mischung aus Katzenklo und Katzenkorb – vorbei und verschwindet damit um die Ecke und kommt ebenfalls nicht rein. Zuletzt holt Frauchen noch einen Pappkarton, dann ist der Spuk vorbei.

Irgendwie bilde ich mir ein, in dem Karton eine Bewegung festgestellt zu haben. So im Vorbeigehen. Quatsch, das kann eigentlich nicht sein, Einkäufe bewegen sich nicht. Wahrscheinlich nur irgendein Zeugs für den Garten, deshalb kommen sie auch damit nicht ins Haus.

Einige Zeit später – ich muß inzwischen eingeschlafen sein – weckt mich eine Flut ungewohnter Gerüche auf. In einem Gefühlsgewirr aus frühesten Kindheitserinnerungen, Jagdgelüsten und Fluchtinstinkt versuche ich, schnellstmöglich einen klaren Kopf zu bekommen.

Du liebe Zeit, was um Wolfs willen ist denn das? Mitten im Kuschelraum steht die mißgebildete Katzenklo-Katzenkorb-Mischung mit beweglichem Inhalt. Jetzt heißt es aufspringen, jedes einzelne Haar aktivieren, um größer und stärker auszusehen, als ich eigentlich bin, und fauchend mit einem Satz rauf auf die höchst erreichbare Stelle.

Da wird das Kätzchen im Milchtopf verrückt, was glauben die denn, wer sie sind und was sie sich so alles herausnehmen können? Vor Schreck hätte ich tot umfallen können. Mein Schleichgestell ist jetzt noch ganz zittrig, ich bin schließlich kein Jugendlicher mehr. Meine Menschen lachen nur einfältig. Sie finden, wie so oft, alles niedlich und säuseln mir angeblich beruhigende Botschaften ins Ohr.

Zu allem Überfluß entwickelt das seltsame Etwas am Boden rege Aktivität. Es knistert und raschelt bedrohlich – obwohl: Das Geräusch erinnert mich wohlig an ... ja, was war das nur ... – große runde Knopfaugen starren aus einem fast schwarzen Gesicht, mir stellt sich erneut automatisch jedes Haar auf. Ich bleibe hier oben, bis das Zeug entfernt wird!

Zumal nicht nur das Vieh an sich schrecklich ist, es verunstaltet auch mein Revier, optisch und geruchsmäßig. Das müssen die doch auch merken. Wenn mich das nur nicht an so aufregende Dinge erinnern würde. Da sind zwei Duftnoten, die bringen mir schlichtweg die Sinne durcheinander. Ob ich einmal nachsehen soll?

Jetzt räumen die auch noch meine Revierausstattung um. Ein grauenhafter Tag ist das heute. Nach einigem Hin und Her bekommt das Ding – zum Wolf damit – sogar einen richtigen Standplatz in einer Nische. Das sieht verdächtig nach Dauerhaftigkeit aus. Jetzt bleibt mir nichts anderes mehr übrig, ich muß runter, meine Revierbestandteile neu katalogisieren und mich um den Eindringling kümmern.

Bedächtig mache ich mich auf den Weg. Runter vom Schrank, erst einmal die umgestellten Möbel begutachten. Dann geht es vorsichtig – wie zufällig – in Richtung Knopfauge. Je näher ich komme, um so stärker wird der Impuls, erneut auf den Schrank zu hüpfen. Nein, das kommt nicht in Frage. Lieber wieder ein bißchen abrücken und beobachten.

Es frißt Grünzeug, sitzt langweilig herum und starrt mich an. Seine Nase bewegt sich dauernd. Der Geruch, ich weiß nicht ... Beute – ich hab's. Nach Beute riecht der. Aber so groß, so dicht behaart, schwarzweiß, eigentlich sieht er ein bißchen aus wie unsereiner. Die Menschen gucken auch so, als hätten sie irgendwelche Bedenken. Vielleicht sollte ich ja ...? Wenn ich „Es" auffressen würde, wäre wahrscheinlich alles wieder beim alten. Nein, nein, lieber nicht. Der ist zu groß, zu unheimlich, und diese Zähne ...!

Ach, meine Menschen sind auch wieder aktiv: Die fassen „Es“ an und lassen „Es“ frei laufen! Was mache ich nur? „Es“ ist ein Er und heißt Jonathan, wird mir gerade gesagt. Ziemlich affig, das alles. Merken die denn nicht, daß ihnen Schrott angedreht wurde? Der hat es mit den Pfoten, kann überhaupt nicht richtig laufen. Der hopst und platscht nur so herum.

Jetzt ist er gerade einmal weit genug weg, da inspiziere ich gleich den Gitterkasten mit der Knisterware. Die Türe ist offen. Das fühlt sich herrlich an unter den Pfoten und duftet so stark, daß ich fast niesen muß. Jetzt weiß ich auch, woher ich das kenne. Meine Familie hat in so etwas gelebt, ich habe sozusagen meine ersten Lebenswochen darin verbracht. Fast kann ich mich nicht mehr daran erinnern. Stroh nennt sich das Zeug. Warum hat der eine mit Stroh ausgepolsterte Wohnung und ich nicht? Der hat sogar eine kleine Hütte, da muß ich gleich rein, sehen, ob sie paßt.

Um diesen Jonathan kann ich mich jetzt wirklich nicht mehr kümmern, ich habe Wichtigeres zu tun. Ich muß sofort soviel Stroh wie möglich herausholen, bevor der Kerl es beschmutzt. Und so eine Hütte will ich auch!

Da poltert es doch – igitt, der kommt und berührt mich – gleich weg auf den Schrank. Köter noch mal, inzwischen räumt Frauchen tatsächlich das Stroh wieder ein ...! Eines steht jedenfalls fest, mit dem Hoppler will ich niemals näher zu tun haben, der ist unangenehm und uninteressant! Oberkater sei Dank, haben die Menschen von Außenanlage und winterfestem Hasenstall gesprochen. Offenbar sehen sie selber ein, daß so eine ekelhafte Zumutung aus der Wohnung fliegen muß.

Bis es soweit ist, werde ich die Zeit intensiv nutzen und Stroh aus seinem Gitterkäfig schaufeln und mich demonstrativ drauflegen. Täglich mehrmals, wenn nötig. Solange, bis einer meiner Menschen kapiert, welches Anliegen meinerseits dahintersteckt. Hoffentlich sind sie nicht wieder so langsam in ihrer Auffassungsgabe wie sonst.

Nachtrag:
Wenige Tage später steht sie da, die Papphütte. Schön geräumig, rundum geschlossen, mit einem komfortablen Eingang und dick gepolstert mit einer kuscheligen Strohfüllung. Nur für mich, ganz alleine. Jonathan ist zwar langweilig, aber nützlich allemal, denn ohne ihn hätte es niemals „Pauls Hütte“ gegeben. Das ist leider auch schon alles, und richtig laufen kann er immer noch nicht.

Der Wunschtraum

Meine Ausflüge in den Garten finden an einer Leine statt. An einer sehr langen zwar, nur eben an einer Leine. Unangenehm, aber katz gewöhnt sich daran, zumindest bis zu einem gewissen Grad. Wenn ich nur wenigstens ab und zu...!?

Immerhin sporadisch – leider viel zu selten – sitzt das Halsband recht locker. Dann kann es nach ein paar wohlüberlegten Pfotengriffen und Drehungen losgehen in die süße Freiheit. So auch heute.

Was für ein Erlebnis! Jagdausflüge, Flirts mit den Dorfschönen, kleine Auseinandersetzungen mit irgendwelchen ungehobelten, arroganten Fremdkatern, Konditionstraining, Plauderstündchen mit den Nachbarn – einfach herrlich. Das könnte stunden-, nein tagelang so weitergehen!

Fast könnte ich die Zeit vergessen, doch jetzt lieber schnell zurück, bevor jemand meine Abwesenheit bemerkt. Noch dringen keine Frauchen-Schreie an mein Ohr. Oje, fast wäre es schiefgegangen – Autos gehören abgeschafft – jetzt noch durch den Garten mit den verrückten Kläffern, vorbei am Kater-Bürgermeister.

Ab in heimatliche Gefilde, unter den Fliederbusch auf den Lieblingsplatz, neben die Leine. Kein Mensch weit und breit – hat wohl wieder hervorragend funktioniert mit dem heimlichen Ausflug. Erst ein bißchen frisch machen und dann in einen wohlverdienten Erholungsschlaf fallen.

Oh, Frauchen weckt mich, voller Liebe und Entzücken. Sogar Herrchen wird herbeigerufen, um sich mit eigenen Augen von meiner Lieblichkeit zu überzeugen. „Schau mal, Paul hat sein Halsband verloren und ist nicht einmal weggelaufen!“

Irre ich mich oder blinzelt Herrchen – wahrscheinlich nur Staub im Auge. Jedenfalls trägt mich Frauchen glücklich und äußerst sanft ins Haus und reicht mir gleich als Belohnung meine Lieblingsleckerlis. In ihren Augen habe ich im Moment eine Art Heiligenschein. Wenn sie wüßte, daß ich, als sie mich geweckt hat, einen geradezu teuflischen Wunschtraum hatte ...

Das kommt davon

Menschen, die einen temperamentvollen, freiheitsliebenden und naturverbundenen Kater zum Hauskater machen, erwartet so einiges. Zu Recht, meine ich. Unsereins will und kann sich nicht von einem Tag auf den anderen uneingeschränkt auf Menschenregeln einstellen. Das wäre geradezu beschämend.

So kommt es natürlich immer mal wieder zu unliebsamen Überraschungen, wobei das harmonische Miteinander nicht selten auf eine harte Probe gestellt wird.

Ich gebe ja zu, daß nicht alles unbedacht und aus Versehen passiert. Ich bin lediglich strikt der Meinung, daß Verhaltensweisen, nach denen in der freien Natur kein Vögelein pfeift, auch im häuslichen Terrain nicht einfach weggeschönt werden können. Was sein muß, muß eben sein!

Da gibt es beispielsweise eine intime Sache, die bisweilen nicht so vonstatten geht, wie ich es mir vorstelle. Menschen greifen in solch einem Fall zu einer extra hierfür bereitgelegten Rolle Papier – eine herrliche Ersatzbeute übrigens. Und ich? Soll ich mir vielleicht Stücke aus meinem Fell reißen und dazu benutzen? Da ist es doch nur das Natürlichste von der Welt, es genau so zu machen wie draußen auf der Wiese. Wozu wäre er denn sonst gut, der flauschige Teppich auf dem Boden?

Und überhaupt, warum muß ich denn so etwas im Haus erledigen? Da es aber offenbar so zu sein hat, muß ich von Zeit zu Zeit eben auf diese Lösung zurückgreifen. Selber schuld, meine Menschen!

Neues von der Faschingskugel

Dank der Riesenvorräte meiner Menschen und meines geheimen Lagers voller Faschingskugeln ist diese Lieblingsersatzbeute inzwischen ganzjährig aktuell und verfügbar.

Zumal Frauchen auch sofort peinlichst für Nachschub sorgt, da es bekanntermaßen zu schlechter Laune meinerseits führt, wenn ich kein Kügelchen mehr habe. Und das findet sie – Oberkater sei Dank – unerträglich.

Diese gesicherte Bereitstellung hat das Kügelchenspiel zu einem festen Tagesbestandteil werden lassen, wie das zweimalige Beutereißen und die mindestens viermaligen Hausbeetbesuche. Trotzdem kommt nie Langeweile auf.

Böse Zungen behaupten sogar, bei mir wäre der Verstand schlagartig ausgeschaltet, sobald ich hinter dieser Ersatzbeute herrenne. Von wem das kommt, darauf brauche ich wohl nicht näher einzugehen.

Tatsache ist, daß ich in einem solch herrlichen Moment wirklich manchmal Zeit und Raum vergesse, vielleicht auch einmal den einen oder anderen Gegenstand übersehe oder manche Situation ein wenig anders einschätze, als sie tatsächlich ist. Kann schließlich alles passieren, im Eifer des Gefechts.

Mein Verstand jedoch, das betone ich ausdrücklich, ist grundsätzlich glasklar. Sonst könnte die Kugeljagd gar nicht mit dieser Eleganz und Schnelligkeit über Stunden hinweg von mir zelebriert werden. Wer anderes sagt, will mich verunglimpfen!

Bei diesem Spiel sind schließlich messerscharfe Konzentration, höchste Intelligenz, körperliche Bestform und ein makelloser Körper absolute Voraussetzung. Ich kann das alles mein Eigen nennen. Und meine Menschen ...?

Es ist ausschließlich purer Neid, der sie zu solch diskriminierenden Aussagen bezüglich meines Geisteszustandes hinreißt, soviel ist gewiß.

Der Pensionsgast

Heute ist es schon wieder einmal soweit. Wir bekommen einen Pensionsgast. Drei Wochen Micky. Eigentlich sind wir zusammen groß geworden und hatten damals viel Spaß miteinander. Täglich stand Cäsar ärgern, Lenny und Carlo tratzen sowie gemeinsam die beiden Frauchen verrückt machen auf dem Programm.

Er war es auch, der mich auf den Geschmack gebracht hat, die Freilegung papierverhüllter Wände ins tägliche Fitneß-Programm einzubeziehen, eine echte Bereicherung. Aber seitdem er meinem positiven Einfluß entzogen ist und wir nicht mehr direkt zusammenwohnen, hat er sich sehr stark zu seinem Nachteil verändert.

Er ist unordentlich, penetrant, langweilig und unbeschreiblich von sich eingenommen. Oder wie erklärt es sich, daß er – kaum betritt er mein Revier – jeden nur äußerst flüchtig begrüßt und dann sofort dazu übergeht, überall seine Nase reinzustecken und jeden Gegenstand zu betatschen? Er glaubt wohl, damit könnte er mein Revier in unser gemeinsames oder gar in sein eigenes umfunktionieren.

Wäre ja gelacht – dazu gehört einiges mehr. Beim Köter noch mal, ist das ekelhaft! Meine guten Manieren hin oder her, da muß ich jetzt schon einmal langsam mit Deutlichkeit darauf hinweisen, was ich davon halte und ...

... nein, um Mäusehimmels willen, was macht der da!? Der besudelt meinen neuen Appartement-Korb. Das will ein gesitteter Kater von Welt sein? So wie ich! Nein, das ist ein mieser, kleiner, unreifer Angeber ohne jeglichen Anflug von Anstand und Kultur!

Und ich? Ich bin jetzt schlagartig ein von Killerinstinkten durchdrungener, rücksichtsloser, unerbittlicher und vor Wut schäumender Raubkater! Oder gar ein Werwolf?

Wo hat Frauchen nur wieder die Leine?

Schönes Wetter, der Garten lockt. Herrchen bereitet die Menschenterrasse vor, und Frauchen sucht meine Leine. Irgend etwas sucht sie ständig. Ich habe da schon Sachen erlebt! Und wo das vermißte Zeug dann unter Umständen auftaucht! Kaum zu glauben!

Der stundenlang mit zunehmender Hektik gesuchte einzige Autoschlüssel findet sich im Schlafzimmer unter der Kommode. Na gut, ich gebe es ja zu, damals hatte ich keine passende Ersatzbeute gefunden und ein ausgesprochen dringendes Jagdbedürfnis verspürt.

Genauso Herrchens Manschettenknöpfe. Einen haben sie unter dem Wohnzimmerschrank recht bald wiederentdeckt – immerhin ca. zwei Wochen nachdem sie benötigt worden wären. Der zweite verstaubt heute noch unter der Küchenzeile, da könnte auch einmal einer suchen, oder?

Überhaupt, was da an unzugänglichen Stellen so alles herumliegt ...! Die finden etwas oft gar nicht mehr, trotz ewiger Sucherei. Darum mache ich mir langsam richtig Sorgen um meine Leine. Eben weil ich dieses Mal damit nichts zu tun habe, Katerehrenwort!

So schwer dürfte es wirklich nicht sein. Herrchen könnte sich endlich auch an der Suche beteiligen, aber außer: „nimm halt irgend etwas anderes und binde ihn damit an!“ passiert nichts. Eine Frechheit, dieser „erstaunlich brauchbare“ Tip!

Frauchens Laune ist bereits am Siedepunkt, sie hat inzwischen alle möglichen Stellen abgeklappert und geht jetzt ohne große Hoffnung die unmöglichen an. Und siehe da – ich hab es mir doch gleich gedacht –, endlich hat sie die Leine gefunden. In der Brotkiste ...! Ihr Blick verheißt nichts Gutes, aber ich war es wirklich nicht! Das muß sie hoffentlich einsehen, ich kenne die gar nicht, die Brotkiste.

Herrchen kommt dafür eher in Frage. Der macht mitunter so wirre Sachen und „weiß dann von nichts“. Bestimmt – der war es!

Nächte sind zum Spielen da

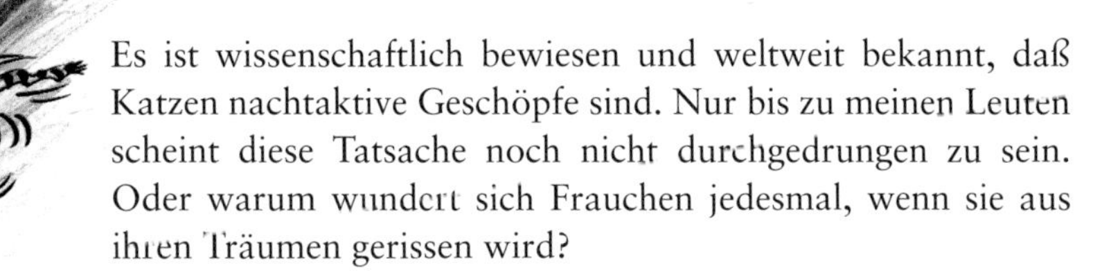

Es ist wissenschaftlich bewiesen und weltweit bekannt, daß Katzen nachtaktive Geschöpfe sind. Nur bis zu meinen Leuten scheint diese Tatsache noch nicht durchgedrungen zu sein. Oder warum wundert sich Frauchen jedesmal, wenn sie aus ihren Träumen gerissen wird?

Was soll ich machen, außer ihr und Herrchen sind ja keine weiteren Lebewesen in der Wohnung. Cäsar, der Glückliche, streift draußen durch die Nacht. Carlo pennt selig im Hausflur. Es bewegt sich also rein gar nichts! Nur ab und zu Frauchens Füße, obwohl sie tief und fest schläft. Das raschelt. Egal, wo ich gerade bin oder was ich mache – ich höre das.

Und dann passiert's, ich kann nichts dafür. Bin auch nur eine Raubkatze mit Urinstinkten. Flach an den Boden gepreßt ins Menschenzimmer geschlichen, Lage gecheckt und abgewartet. Nur Geduld, wie vor einem Mauseloch. Da, es bewegt sich etwas – nein, doch nicht. Aber jetzt – ein elastischer Weitsprung, gezielt den Beutebiß plaziert, und schon habe ich sie – eine von Frauchens hinteren Möchtegern-Krallen!

Was dann kommt, ist allerdings Horror pur. Manchmal glaube ich, Frauchen wird im Schlaf zu einer Art Wolf: Jaulend und kläffend verfolgt sie mich durch das Haus, katz stelle sich vor! Oberkater sei Dank, bin ich schneller und sehe auch trotz Dunkelheit viel besser.

Herrchen sagt jedesmal nur: „Laß halt die Türe zu, dann passiert so etwas nicht!" Er hat übrigens leicht reden – er schläft wie ein Stein, da zuckt überhaupt nichts. Grundsätzlich hätte er ja recht. Nur geht das nicht.

Frauchen hat nämlich gelesen, daß man Hauskatzen nicht aus den von Menschen benutzten Zimmern aussperren darf, das belastet deren Psyche. Den Verfasser dieser hochinteressanten Veröffentlichung würde ich gerne kennenlernen, ob das ein gelehrter Hauskater ist?

Die Folter

Frauchen spielt Klavier. Nicht oft, aber regelmäßig. Das ist recht laut, allerdings auch nicht schlimmer als diese Kästen, bei denen katz nicht sieht, wer den Lärm macht. Finde ich jedenfalls. Mein Mitkater Cäsar ist da anderer Meinung. Kaum wird die erste Taste angeschlagen, springt er auf und rennt schreiend zur Türe.

Ich wußte schon immer, daß der durchgeknallt ist. Und wehe, er kann nicht gleich raus – sofort rast er herum, schreit, kratzt an der Terrassentüre, wie ein Verrückter. Er darf sich ja so aufführen, ist ja der alte „Cäsi", und er wird dann auch schnellstens erlöst.

Wenn das Wetter für „den Armen" zu schlecht ist, hört Frauchen sogar auf zu spielen. Wenn nicht, darf er natürlich unverzüglich raus, die rote Plage. Gar nicht auszudenken, was wäre, wenn ich diese Töne nicht hören wollte. Da gehe ich lieber einmal nicht näher darauf ein! Keine Katze würde nämlich danach schreien.

Jedenfalls irgendwann werde ich es dem Cäsar so richtig zeigen! Sobald wir wieder einmal alleine sind! Seit neuestem übe ich regelmäßig auf besagtem Tasteninstrument. Und wenn ich soweit bin, kann es losgehen. Meine Menschen sind völlig ahnungslos und finden meine fleißigen Ton-Tests immer äußerst lustig. Wenn die wüßten, welche Intention sich dahinter verbirgt ...!

Im Moment erkunde ich das Tastenfeld noch vierpfotig von oben, sowie ich besser damit vertraut bin, studiere ich das übliche Vorgehen ein. Und dann ist er fällig, der Rote. Ein wunderbarer Gedanke: Ich, virtuos am Flügel in meine genialen Kompositionen versunken. Er, zickig und hysterisch – wohl wissend, daß es keinen Ausweg und kein Mitleid gibt. Denn außer uns beiden ist niemand da und keiner läßt ihn raus!

Das Geburtstagsessen

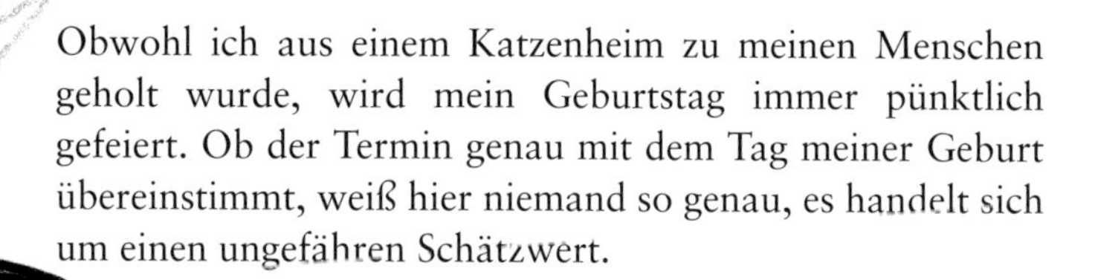

Obwohl ich aus einem Katzenheim zu meinen Menschen geholt wurde, wird mein Geburtstag immer pünktlich gefeiert. Ob der Termin genau mit dem Tag meiner Geburt übereinstimmt, weiß hier niemand so genau, es handelt sich um einen ungefähren Schätzwert.

Hauptsache ist, er wird überhaupt gefeiert. Wann, ist zweitrangig. Und das wird er, richtig üppig mit einem opulenten Geburtstagsmenü. Das ganze Jahr über merkt sich Frauchen, welche Lieblingsspeisen besonders aktuell sind, die gibt es dann – bergeweise.

Man stelle sich das einmal vor: sonst immer auf Sparflamme gehalten, gerade mal zwei, ausnahmsweise vielleicht einmal drei Miniportionen am Tag, dann so etwas. Gigantisch! Aber ungewohnt.

Das Zeug muß schließlich auch im Akkord restlos aufgegessen werden. Ich sage nur: Cäsar, Carlo, und wer weiß, vielleicht überlegen es sich sogar die Menschen anders, wenn etwas liegenbleibt. Weil es so besonders exquisite Leckerbissen sind.

Also muß alles auf einen Satz weg, egal wie. Und ich habe sehr, sehr viele Lieblingsspeisen. Das führt dann schnell von einem ausgeprägten Sattheitsgrad über ein beengendes Völlegefühl bis hin zu einer bedrohlichen „Zerreißstufe".

Grauenhaft, allein es schmeckt ja so gut, da kann ich wirklich nichts stehenlassen. Auch wenn ich es mir vom einen aufs andere Jahr fest vornehme. Jedesmal passiert es wieder: bewegungsunfähig, fast aus dem Fell platzend, falle ich neben der Schüssel um und muß erst mal ein längeres Verdauungsschläfchen halten.

Aber nächstes Jahr bin ich zurückhaltender – mit Sicherheit.

Die Reality-Ersatzbeute

Meine Menschen sind wieder einmal mit dem Wolfs-Verschnitt Carlo unterwegs. Ein Skandal ist das! Ich sitze herum und langweile mich. Die dagegen genießen die Natur, laufen beschwingt und fröhlich über Wiesen und Bäche, durch Wälder und Auen.

Täglich! Oft sogar zweimal, immer mit dieser aufdringlichen modrigen Rupfenmatte Carlo. Mich haben sie noch nie mitgenommen. Äußerst beleidigend finde ich, daß manchmal dieser rote Greis Cäsar mitgenommen wird. Das habe ich schon ein paarmal genau beobachtet. Der geht und kommt mit denen, ganz offensichtlich. Ach, was soll's, eigentlich will ich gar nicht mit! So ein öder Massenausflug, vor allem mit Hund, schlimmstenfalls auch noch mit einem senilen Kater. Richtiggehend blamabel wäre das. Vielleicht sogar in strömendem Regen oder in glühender Sonne – nein, nein, da rekel und strecke ich mich lieber genüßlich auf dem Sofa und schnupper an den Heimkommenden nach, ob sie interessante Begegnungen hatten.

Ab und zu bringen sie mir von unterwegs großzügigerweise kleine Geschenke mit. Zum Beispiel Kastanien, Tannenzapfen – wer braucht denn so was – oder irgendwelche Zweige, Blumen und Gräser. Letztere sind aber, glaube ich, selten ausdrücklich für mich gedacht. Denn je mehr Aufmerksamkeit ich ihnen widme, um so stärkere Proteste bekomme ich von Frauchen zu hören. Bis sie schließlich die duftenden Pflanzen-Arrangements meinem uneingeschränkten Zugriff entzieht. Purer Egoismus ist das. Auch heute scheint es wieder einmal ein Mitbringsel zu geben. Herrchen wühlt verdächtig geheimnisvoll in seiner Tasche herum. Will mich wahrscheinlich neugierig machen, um dann einen Kieselstein oder ein Holzstückchen zu werfen – wie aufregend ...!

Du liebe Zeit, ich denke, mich laust der Tierarzt, was zieht er denn da heraus? Ein höchst interessant aussehendes Objekt mit einem betörenden, geheimnisvollen Duft. Das riecht eindeutig nach etwas aus der Kategorie „da war doch mal was“. Nach einem lukullischen Gaumenkitzel sondersgleichen. Endlich habe ich das bezaubernde Etwas erwischt und kann meine Nase erst einmal tief hineinsenken und fest die Luft einsaugen. Wirklich, meine Ahnung bestätigt sich: eine frische, garantiert echte Vogelfeder! Allem Anschein nach erst vor allerkürzester Zeit vom „Träger“ abgeworfen, ein wahrer Genuß für alle Sinne.

Obwohl es natürlich besser wäre, es würde sich nicht nur um eine Feder, sondern um das komplette Drumherum handeln, aber ich möchte ja nicht allzu unbescheiden sein. Und was katz damit alles machen kann: auf Schränke mitnehmen, loslassen und sich nachstürzen, sich damit auf dem Boden kugeln und drehen, hochhüpfen und davonrasen. Die Feder packen, in die Luft schleudern, wieder fangen, wieder schleudern ... und, und, und ... Da wird das Kätzchen im Milchtopf verrückt! Warum gibt es das erst jetzt? Nach so vielen sinn- und federlos verbrachten Jahren? Wahrscheinlich geben Vögel von ihrem Federfell so gut wie nichts ab. Herrchen wird doch nicht ...? Nein, nein, er kann keiner Fliege etwas zuleide tun.

Vorsichtshalber werde ich dieses Federexemplar hüten wie meinen Augapfel. Wer ihm zu nahe kommt, dem zeige ich Zähne und Krallen, wenn es sein muß, auch ganz aus der Nähe. Da lasse ich keinen ran, weder die Menschen noch Cäsar, geschweige denn Carlo – das kennt katz zur Genüge, in welchem Zustand sich Sachen nach seinen Berührungen befinden. Es ist sogar zu überlegen, ob die Feder das Papierkügelchen von Platz eins der Hitliste für Beuteersatzstücke verdrängt. Den Titel „Ersatzbeute des Monats“ habe ich ihr hiermit jedenfalls schon verliehen!

Der Geist ist willig ...

Zeitweise bieten sich unvorhergesehene Gelegenheiten zu Streifzügen im Freigelände. Arglose Besucher, die meinen Wichtigkeitsgrad bei Frauchen nicht kennen, meine Menschin, die das anscheinend selbst manchmal vergißt, oder das zerstreute Herrchen, sie alle übersehen von Zeit zu Zeit einmal ein offenes Fenster oder eine nur angelehnte Türe.

Je nach Lust und Laune ergreife ich die Gelegenheit zu kleinen Ausflügen. Da heißt es unauffällig über die Schulter sehen und ab durch die Mitte! In Windeseile quer durch den Garten und nichts wie unter die Hecke. Erst einmal abwarten, ob sich etwas tut, dann kann es weitergehen.

Die angrenzende große Wiese bietet immer wieder neue Überraschungen – auch aus kulinarischer Sicht –, und in der Nachbarschaft wimmelt es geradezu von Artgenossen und -genossinnen. Selbst wenn es nur der alte Cäsar ist, den ich irgendwo treffe, für einen kurzen, anregenden Plausch tut es der bei so einer Gelegenheit ausnahmsweise auch schon. Hauptsache, Abwechslung vom üblichen Alltagstrott. So schön kann das Katerleben sein!

Oh nein, da ist es wieder, wie jedesmal in solch einem Fall! So nicht, heute bin ich eisern, ich ignoriere es einfach. Wahrscheinlich irre ich mich ja auch. Das Geräusch kommt von woanders her.

Was sag ich denn – Geräusch – dieser süße, lockende Ohrenschmaus. Einzigartig und unwiderstehlich. Ich wollte doch stark bleiben, nicht hinhören. Jetzt gehe ich erst einmal zu der schwarzen Katzendame dort hinten, das wird sicher nett...!

Ach was, ein anderes Mal! Nichts wie die Hinterpfoten unter die Vorderpfoten genommen und zum Frauchen gejagt! Sonst überlegt sie es sich noch und stellt die Leckerlischachtel wieder weg. Gerade klappert es wieder, und da steht sie! Oberkater sei Dank, mit Schachtel!

Ja, ja, ich bin auch froh, wieder dazusein, alles in Ordnung, nichts passiert ... Schneller, wo bleiben sie denn, die köstlichen Katzenkuchen?

Ja endlich, weiter so, mehr noch! Oberkatrig! Ein riesig großer Haufen, weil Frauchens Freude über meine wohlbehaltene Rückkehr gar so groß ist.

Das Tollste daran ist, diese Entlohnung für unverzügliches und garantiertes Nachhausekommen zählt als 100%ige Sonderration. Darum falle ich auf diese Lockrufe auch 100%ig immer wieder rein und komme von überall auf schnellstem Weg zu meinem liebsten Frauchen zurück.

Neue Perspektiven

Draußen steht ein LKW in der Einfahrt, fremde Männer und meine Menschen laden ein Monstrum von Kiste ab, die unglaublich schwer sein muß. Es poltert und rappelt, knirscht und schimpft, unversehens steht das riesige Ding im Kuschelraum.

Generell bin ich an Neuanschaffungen höchst interessiert, diese dagegen ist eher bedrohlich – und diese Männer ... Vorsichtshalber bleibe ich in einem sicheren Versteck und beobachte, was sich alles so tut. Es kommen nach und nach die üblichen Ersatzbeutestücke zutage, die solch neue Revierbestandteile gemeinhin begleiten: Styroporstücke, Plastikriemen, Kabelbinder, Folien und bergeweise Papier.

Gerne würde ich auch sofort das eine oder andere an mich nehmen, aber diese Männer sind noch da! Der eine riecht wie ein Hund, der muß mit einem ganzen Rudel zusammenleben. Nachdem sie den hier verlegten Kabelsalat um einiges bereichert haben, ist es soweit. Endlich ziehen sie mit ihrem LKW ab.

Jetzt bin ich an der Reihe! Das Ding ist häßlich, soviel steht fest. Es eignet sich weder zum Krallenwetzen, noch ist es ein Kuschelplätzchen. Obwohl: Schön hoch ist es, doch leider glatt und hart. Vielleicht taugt es gerade zu einer Aussichtshöhe, für einen richtigen Turm ist es eindeutig zu niedrig.

Es gibt keine Öffnung zum Reinsetzen, eigentlich ausgesprochen langweilig. Nur bei diesen verkabelten Teilen weiß katz ja nie. Da bin ich bereits mehrmals getäuscht worden. So wurde aus manch einem nichtssagenden Kasten auf Knopfdruck ein brüllendes Etwas, zum Teil mit flimmernden, sich bewegenden, oftmals sehr realitätsnahen Bildern.

Es ist sogar einmal vorgekommen, daß ich vor Schreck von solch einem Gerät fast heruntergefallen bin. Diese Dinger sahen gleichwohl bisher alle völlig anders aus, nicht so groß und nicht so hell.

Schluß mit den Spekulationen, da kommen Frauchen und Herrchen und nehmen den berüchtigten Knopfdruck vor. Ein Gewittersturm ist wahrscheinlich nichts dagegen: Es stöhnt, donnert, zischt und heult, daß mir das Blut in den Adern gefriert.

Ich hatte also wieder einmal recht, freilich so schlimm hätte ich es mir nicht vorgestellt. Um Wolfs willen, was soll denn das nun wieder, ausgerechnet im Kuschelzimmer, wo sonst gemütliche Abende vor der Bilderkiste zelebriert werden. Ich sollte meinen Menschen einmal beibringen, Anschaffungen nur nach meiner ausdrücklichen vorherigen Genehmigung vorzunehmen. Da sähe es hier wirklich anders aus.

Jetzt geht es offenbar weiter, oben gibt es eine Klappe, da legen sie was rein. Knopf gedrückt, laut wird es, dann spuckt das Ding Papier aus mit etwas darauf. Fotos. Da bin ja auch ich. Wie nett, gleich nochmal, eine ganze Seite voll. Hochinteressant! Und immer mehr, ganz viele und immer die selben. Das könnte äußerst spannend werden.

Endlich hätte ich beispielsweise die Möglichkeit, Seiten von mir kennenzulernen, die mir selbst bisher verborgen blieben. Oder alles, was ich da oben auflegen kann, vielfältig unter das Katzenvolk zu bringen: Beispielsweise Bilder von mir mit Autogramm und Adresse an Mädels verteilen, wenn ich mal wieder türmen kann. Mäusebilder in der Wohnung auslegen, um Frauchen zu erschrecken und vielleicht Cäsar zu täuschen – es gibt bestimmt unzählige, so schnell gar nicht zu überblickende Möglichkeiten!

Jetzt muß ich gleich einmal genau zusehen, wie das geht. Und was ich damit alles machen kann, dazu fällt mir bestimmt noch so einiges ein!

Urlaubszeit – Klavier entzweit

Mindestens zweimal im Jahr herrscht in meinem Revier eine unglaubliche Geschäftigkeit, Packerei und Geheimnistuerei. Lächerlich! Glauben meine Menschen denn, wenn sie ihre Koffer, Taschen, Säcke und was sonst noch alles hinter verschlossenen Türen beladen und heimlich ihren rollenden Katzenkorb damit vollstopfen, daß ich nicht merke, was los ist?

Urlaub haben sie schon wieder! Und statt sich voller Freude und Enthusiasmus rund um die Uhr um ihren „Lieblings-Paul" zu kümmern, hauen sie in aller Regelmäßigkeit ab – für mehrere Wochen. Spätestens, wenn ich auffallend oft und heftig geherzt werde und Frauchen mir oben bereits zitierte „Lieblings-Paul"- Bezeichnung verlogen ins Ohr säuselt, weiß ich, daß uns nur noch wenige gemeinsame Stunden bleiben. Kein Wunder, daß meine Laune dann schleunigst auf den Nullpunkt sinkt. Auf den ersten Blick sind die Perspektiven auch nicht gerade rosig.

Das geht schon los mit dem Ersatzfrauchen. Nicht unsympathisch, aber ungeübt im Erkennen meiner bescheidenen Wünsche und Bedürfnisse. Speziell im Bereich meiner Mahlzeiten. Auch mein Hausbeet wird manchmal nicht völlig meinen Ansprüchen genügend gepflegt, die Streu nicht gründlich genug erneuert. Zudem nimmt sie sich nicht einmal ausreichend Zeit für mich. So fühle ich mich schnell dementsprechend vernachlässigt.

Was natürlich bedeutet: Langeweile ohne Ende ist angesagt. Ist doch klar, wenn alle weg sind, tut sich überhaupt nichts Aufregendes. Monotonie, von früh bis spät. In der Wohnung bin nur ich. Bis auf wenige Stunden Ersatzfrauchen, völlig vereinsamt, beraubt jeglicher sozialer Kontakte und ausgeliefert dem geistigen Siechtum.

Selbst hinsichtlich Sport und Spiel ist fast ausnahmslos Ödnis pur angesagt. Vor der Abreise werden empfindliche oder von mir zeitweise unerlaubt in Anspruch genommene Gegenstände meinem Zugriff rücksichtslos entzogen. Sei es durch Sicherung oder durch Verwahrung im abgeschlossenen Menschenzimmer. Was bleibt, ist uninteressant oder längst abgenutzt.

Nicht einmal mein gewohntes Nachtlager gestehen sie mir in ihrer Abwesenheit zu. Durch die Umwandlung des Menschenzimmers in eine Art katersicheren Tresor bleibt es mir natürlich auch verwehrt, mein gewohntes Fußende-Schlummernest im Menschenkorb aufzusuchen. Nach den damit verbundenen nachhaltigen Schlafstörungen miaut übrigens kein Kätzchen.

Alles in allem muß ich mich wundern, daß ich die derart unverschämten Machenschaften meiner Menschen, inzwischen Jahr für Jahr, unbeschadet überstanden habe. Wahrscheinlich liegt es an dem einzig mir noch verbleibenden Lichtblick im Rahmen dieser menschlichen Dauerausflüge: An der intensiven Forschungs- und Expeditionsarbeit, die ich endlich ungestört aufnehmen kann, ohne unterbrechendes Gezeter, Verbote oder gar tätliche Angriffe meiner Menschen.

Bei diesen Gelegenheiten habe ich unzählige interessante Entdeckungen gemacht: diverse neue Ausweich-Hausbeete – sehr nützlich, wenn z.B. die Katzenstreu im Original-Hausbeet wieder einmal zu wünschen übrig läßt –, innovative Wetzgelegenheiten, aufregende Klettertouren, geheime Verstecke und vieles mehr.

Für dieses Mal steht an erster Stelle ein Projekt, das ich schon länger im Auge habe und das sehr verheißungsvoll zu sein scheint: die Gitterregal-Steilwand-Tour. Jedesmal wenn ich bisher auch nur ansatzweise mein Interesse an diesem schmalen, fast deckenhohen Regalturm gezeigt habe, wurde ich prompt an einer näheren Erkundung gehindert.

Aber ich muß es einfach wissen! Hat ein Hauskater meines Formats zwischen der Regaloberseite und der Zimmerdecke Platz? Zumal von dort oben aus ein eher wackelig stehender Blumenstock mit ewig weit herunterhängenden Pflanzenteilen die Seitenwand des Regals zuwuchert und somit zusätzlich den ungewissen Aufstieg behindern wird. Eine echte Herausforderung also – für einen Sportskater wie mich.

Aha, da sind sie nun, die Verräter! Mit „traurigem" Gesicht verabschieden sie sich endlich von „ihrem Lieblings-Paulchen". Ja, ja, zieht nur Leine – ich habe sowieso keine Zeit – ich bin im wahrsten Sinne des Wortes zu Höherem berufen. Das Projekt „Gitterregal" will endlich begonnen werden! Man sieht sich, irgendwann!

Kurz vom Fenster aus das eilige Davonfahren des rollenden Katzenkorbes beobachten, eine gewisse Zeitspanne abwarten, ob sie noch einmal zurückkommen, weil sie wieder etwas vergessen haben, dann kann es unverzüglich in Angriff genommen werden.

Meine Aufregung steigert sich fast ins Unerträgliche, während ich die Steilwand von unten betrachte. Katerbreit nur, aber mindestens fünfmal so hoch wie ich. Es scheint, als gäbe es zwei Möglichkeiten, den Gipfel zu erklimmen: entweder sich in akkurater Kletterarbeit an der Seitenwand Zentimeter für Zentimeter hocharbeiten, ständig der Gefahr ausgesetzt, mit den langen Pflanzenstengeln in Schwierigkeiten zu kommen. Oder mittels eines energischen, genau dosierten, nicht zu senkrecht angesetzten Hechtsprunges vom Flügel aus direkt auf das Regal hinaufspringen. Mit einer eleganten Drehung im Flug am Blumenstock vorbei, schon ist er bezwungen – der knapp katerhohe Zwischenraum.

Die letzte Variante scheint interessanter, verheißt mehr Spannung und Abenteuer und bedarf einer höheren Risikobereitschaft. Genau wie für mich geschaffen. Danach muß Cäsar mich „Superpaul“ nennen. Apropos Cäsar: Die Menschen haben – Oberkater sei Dank – vergessen, den Deckel vom Flügel zuzumachen. So kann ich während deren Urlaub ausgiebig das Klavierspielen üben, für die längst geplante Cäsar-Aktion. Sozusagen im Kampf gegen die Langeweile.

Nun zurück zum Wesentlichen: Fast wie von alleine fliege ich auf den Flügel, jede Sehne spannt sich – jetzt: Absprung und in freiem Flug Richtung Regal. Der Blumenstock kommt näher, die Lücke zur Decke schrumpft auf die maximale Höhe eines neugeborenen Kätzchens – leider, der Blumenstock muß weg!

Dann habe ich es geschafft! Inmitten von ohrenbetäubendem Lärm, spritzender Erde, herumfliegenden Pflanzenblättern und unterstrichen von einem nicht ganz ausgereiften Klavier-Tusch, lande ich schwankend, aber wohlbehalten auf meinem Regalgipfel. Benommen vor Freude, berauscht im Siegestaumel, stehe ich am höchstgelegensten Punkt meines Reviers und betrachte stolz mein Eigentum. Je steiler mein Blick jedoch an meinem Aussichtsturm entlang nach unten fällt, um so peinlicher berührt fühle ich mich.

Ein entsetzliches Chaos aus Erde, Tonscherben, Blättern und irgendwelchen weißen Splittern breitet sich über Klaviertastatur und -schemel sowie über fast den gesamten Boden aus. Selbst für mich ein unbeschreiblicher Anblick – wenn meine Menschen das erst sehen – nicht auszudenken.

Hoffentlich räumt das Ersatzfrauchen alles gut auf – solange es nur erzählt wird, kann man sich das Ausmaß der Verwüstung gar nicht so dramatisch vorstellen. Der Blumenstock und sein Topf – na gut, die sind rettungslos hinüber – verteilen sich irgendwie im ganzen Zimmer! Das kann Frauchen sicher verschmerzen, immerhin stehen hier noch unzählige andere herum. Weitaus beunruhigender sind die vielfältig gestreuten winzigen weißen Splitter. Die müssen ja auch irgendwoher kommen. Wenn das nicht mal ..., ach was! Das kann wohl nicht sein! Da könnte ich nicht einmal mehr richtig üben – für Cäsar.

Gut, daß ich mich mit solch einem Menschenkram eh nicht auskenne. So schlimm wird es schon nicht sein. Wenn doch, dann war der Flügel eben nichts Ordentliches, sondern Ramsch der übelsten Sorte. Dann können meine Menschen nur froh sein, daß ich den Qualitätsmangel wieder einmal so bravourös aufgedeckt habe. Ansonsten sind sie wirklich selbst schuld! Wären sie nicht auf große Reise gegangen, hätte ich keine derart außergewöhnliche Expedition vorgenommen!

Die Nacht lockt

Jeden Abend, bevor sich meine Menschen auf ihren Schlafplatz begeben, quälen sie mich mit geöffneten Fenstern. Unversehens strömt die aufregende, dunkel lockende Nachtluft herein und macht mich fast verrückt. Zumindest manchmal.

Ich habe unlängst nämlich festgestellt, daß das je nach Jahreszeit unterschiedlich ist. Ein Phänomen, dem ich natürlich genauestens auf den Grund gehen möchte. Was liegt also näher, als die Sache im Selbstversuch direkt vor Ort auszuprobieren. Das heißt natürlich, ich muß hinaus in das verführerische Nachtleben – egal, wie ich das anstelle. Am besten gleich heute! Die Gelegenheit wäre gut: Das Fenster steht ein wenig offen, das hereindringende laue Nachtlüftchen birgt so einige geheimnisvolle Botschaften in sich, und meine Menschen befinden sich schon lange im Traumland.

Das ist sie, die Eintrittskarte ins dörfliche Dolce vita. Mit ein bißchen Köpfchen und einer Portion Geschicklichkeit dürfte es ein leichtes sein, zum Fenster hinaus- und rechtzeitig zum Frühstück wieder hineinzukommen. Nach eingehendem Studium der Spaltsituation in Abhängigkeit meines Körperumfanges steht schnell sowohl die optimale Stelle als auch das exakte Vorgehen fest.

Ein Kätzchenspiel, warum bin ich nicht schon früher darauf gekommen. Also, die spannende Forschungsexpedition kann beginnen! Kurz Augenmaß genommen, Muskeln gespannt und abgesprungen! Direkt in den Zwischenraum im oberen Drittel des Fensters. Gutgegangen, ich bin fast draußen. Jetzt muß nur noch mein Hinterteil nachgezogen werden, dann kann ich aufgeregt eintauchen in die vielversprechende Finsternis. Doch um Wolfs willen, mein Hinterteil kommt nicht nach. Es steckt fest. Ach was, ruhig Blut! Ein bißchen hin- und hergeruckt und ich müßte loskommen. Langsam wird es unheimlich, statt lockerer wird es enger. Ich rutsche tiefer und tiefer in den Winkel aus Rahmen und Fenster. Ich flippe gleich aus, das haut den stärksten Kater aus dem Fell.

Warum hilft mir denn keiner? Alle vier Pfoten rudern ins Leere, das Atmen fällt mir zunehmend schwerer, und die Nacht, die kann mir gestohlen bleiben. Für immer, wenn nur endlich jemand kommt. Ich bin bereits richtig heiser vor lauter Hilferufen, trotzdem tut sich nichts. Endlich, ich höre etwas! Los, schneller, wenn ich bitten darf! Frauchen, welch eine Freude! Was steht sie denn da rum, weiß wie ein Handtuch und glotzt.

Rausholen soll sie mich! Um Mäusehimmels willen, sie schafft es nicht! Sie zieht und zerrt, ich aber bewege mich keinen Millimeter. Soll ich denn hier verkommen? Inzwischen weiß ich nicht, wer mehr schreit – Frauchen oder ich. Sie hält von unten dagegen, ich haue in Panik um mich. Endlich kommt Herrchen. Der reißt fast das Fenster raus, die Menschin zieht mir nahezu das Fell über die Ohren, ich kreische, beiße und kratze – dann haben sie es geschafft! Dem Herzinfarkt nahe, halbtot vor Angst hänge ich in Frauchens Arm und will nie wieder weg. Wirklich nie wieder. Zumindest für heute.Und auf meine Leute bin ich mächtig stolz: Sie ist total verkratzt, hat trotzdem nur Augen für mich und meinen Zustand und beschwert sich überhaupt nicht. Herrchen hätte fast am Haus einen Teilabbruch vorgenommen, nur um mich zu befreien. Solche Menschen hat eben nicht jeder.

Der Alptraum

Hunde sind grausam und dumm – das weiß keiner besser als ich. Schließlich bin ich gezwungen, mich mit einem Exemplar dauernd und mit einem weiteren zeitweise auseinanderzusetzen.

Das belastet mich an Leib und Seele. Man muß sich nur einmal vor Augen führen, wie oft ich Schleimspuren von meinem noblen Pelz entfernen muß, wie oft ich blaue Flecken durch Schnauzenschubser abbekomme oder wie oft sich mir wegen Gasvergiftung der Magen umdreht. Das geht an niemandem spurlos vorbei, nicht einmal an so einem starken Chefkater wie mir.

Inzwischen verfolgt mich das Tag und Nacht. Selbst im tiefsten Schlummer sehe ich die schrecklichsten Bilder vor mir. Einzig meine Menschen erkennen den Ernst der Lage nicht! Obwohl ich mich im Schlaf offenbar manchmal so auffällig benehme, daß sie kommen und mich besorgt aufwecken. Aber nach ein paar aufmunternden Worten und flüchtigen Streicheleinheiten lassen sie mich wieder alleine mit meinen Problemen.

Sie nennen das einfach nur schlechten Traum oder Alptraum – ja, warum werde ich denn davon heimgesucht? Was ist die Ursache? Darum sollten sie sich kümmern, und zwar unverzüglich!

Ich jedenfalls wüßte die optimale Lösung aus dem Stegreif: weg mit den Kötern, und alles wäre in Sheba! Wenn sie nicht bald von alleine darauf kommen, muß ich Zeichen setzen! Der Katzenpsychologe wird es ihnen dann schon dolmetschen. Jedenfalls ist es jetzt bereits fünf vor zwölf.

Der Neue

Es ist Samstag, meine Leute haben mich wieder einmal einfach alleine sitzenlassen. Unverschämt! Am Wochenende, so lautet mein Gesetz, haben die sich intensiv um mich zu kümmern. Daß einer von beiden mal kurz weg ist, ist o.k., aber beide – noch dazu getrennt ... !? Das ist ja wohl eine Übernummer! Und zum Einkaufen braucht keiner so lange.

Nach Stunden höre ich etwas, Frauchen kommt. Wahrscheinlich war sie wirklich einkaufen. Gleich hin zur Türe und sehen, was sie mir mitgebracht hat! Muß sie ja schließlich, als Entschädigung für entgangene Zuwendung. Doch siehe da, hektisch, angespannt und unhöflich rauscht sie ohne Anflug einer Begrüßung an mir vorbei und ab ins Wasserzimmer.

Seltsam, hoffentlich fehlt ihr nichts, von Einkäufen übrigens keine Spur. Ah, da ist sie wieder, immer noch unnahbar und komisch. Raus aus dem Wasserzimmer, rein ins Wasserzimmer. Ständig rein und raus. Mit den eigentümlichsten Gegenständen: Wolldecke, Badehandtuch, Pappkiste und sogar mit einem uralten, längst ausgemusterten Hausbeet von mir, gefüllt mit meiner üblichen Ersatzerde.

Um Wolfs willen, was geht hier vor? Wollen die mich ausquartieren – das verhaßte Wasserzimmer ist der einzige Raum, dessen Türe immer verschlossen ist. Habe ich etwas verbrochen oder eine ansteckende Krankheit und weiß von nichts?

Gleich weg, unter den Flügel ins hinterste Eck – da kommt keiner so leicht hin. Frauchen interessiert das gar nicht, sie vermißt mich nicht, sucht mich nicht, beachtet mich nicht. Rennt lediglich weiter hin und her. Wenn doch nur Herrchen da wäre, vielleicht ließe sich dann etwas herausfinden!

Oje, meine schlimmsten Befürchtungen werden wahr. Sie kommt mit dem Katzenkorb, jetzt bin ich fällig! Ach du dicke Maus, nein, da ist ja was drin. Die hat schließlich erst so einen dämlichen Hoppler angeschleppt, bloß weil den keiner mehr wollte. Was ich besonders gut nachvollziehen kann. Dieser Jonathan frißt den ganzen Tag, schläft und taugt sonst zu rein gar nichts.

Was meine grünen Augen jetzt sehen, haut den stärksten Kater aus dem Fell! Ein Baby, was sag ich, ein Säugling! Und wo ist die Mutter? Mit mir nicht, ich bringe ihm nichts bei! Von dem anderen brauchen wir erst gar nicht zu sprechen. Es sollte auch Menschen bekannt sein, daß Kater ungeeignet sind für die Kinderernährung.

Ich glaube es einfach nicht, das muß ein böser Traum sein. Aber ich habe es mit eigenen Augen gesehen. Jetzt ist sie schon ewig im Wasserzimmer und murmelt dem Winzling ins Fell. Wenn die wieder rauskommt, sag ich ihr gründlich die Meinung und haue ab.

Jetzt kommt sie, scheinheilig freundlich, will sie mich sogar anfassen. Empört fauchend verschwinde ich unter der Couch. Wenn sie kommt, kratze ich sie! Vielleicht, das habe ich eigentlich noch nie getan. Oberkater sei Dank, nach einigem Locken läßt sie mich in Ruhe, ich muß es also nicht erst ausprobieren. Einige Stunden vergehen, ab und zu ruft sie nach mir, manchmal verschwindet sie wieder ins Wasserzimmer, insbesondere dann, wenn Kätzchengekreisch zu hören ist.

Endlich, es dämmert bereits, kommt Herrchen heim. Ich kann ihn nicht einmal begrüßen, er wird sofort ins „Kätzchenzimmer" gezerrt. Der also auch. Nach einer Ewigkeit kommt er wieder und sucht mich überall. Was soll's, vielleicht hat er ja mit der Sache gar nichts zu tun. Immerhin zerreißt es mich fast vor Hunger, die Abendessenszeit ist schließlich um ein gutes Stück überschritten.

Nach einer ausgiebigen Mahlzeit – ich bin sicher, es war mehr als sonst – sieht alles eigentlich fast so aus wie immer. Wir treffen uns zu einem gemütlichen Abend zu dritt im Kuschelzimmer. Ich liege heute lediglich ausschließlich bei Herrchen und ignoriere Frauchen, so gut es geht. So verlaufen einige Tage, als wenn nichts vorgefallen wäre. Nur gelegentliches Kätzchengeschrei aus dem Wasserzimmer und ein in mehr oder weniger regelmäßigen Abständen mit irgendeinem Milchgebräu dort verschwindendes Frauchen erinnern an die Veränderung. Ansonsten investiert meine Menschin sogar auffallend mehr Zeit und Leckerbissen in meine Katerperson, so daß ich jeglichen Groll gegen sie im Laufe der Zeit nahezu vergessen habe, obwohl sie permanent nach Kätzchen riecht.

Im Gegenteil: Mein Ärger ist eigentlich einer grenzenlosen Neugier auf dieses Minigeschöpf gewichen. Das ist sicher pure Absicht von meinen Leuten, sie haben mich längst durchschaut. Denn plötzlich, ohne Vorwarnung – ich spiele gerade genüßlich mit einem meiner Lieblingsersatzbeutestücke – kommt Frauchen und setzt einen winzigen, schwarzweißen Fellball in meiner Nähe auf den Boden. „Schau mal, Paul! Das ist Gonzalez, ein armes mutterloses Findelkätzchen", kommentiert sie ihre Aktion. Dann stehen sie da und starren uns an – meine Menschen.

Offenbar herrscht in diesem Haus inzwischen eine bedenkliche Vorliebe für schwarzweiß. Urwüchsiges natürliches Tigerfell ist wohl *out*. Die sollen nur aufpassen, ich habe gehört, man sagt uns Katern nach, wir würden bevorzugt unseren artgleichen Nachwuchs verspeisen! Nun ja, das stand wohl in der „Katzen Bild"! Ich jedenfalls kann diese Gelüste nicht nachvollziehen. Trotzdem brauchen sie nicht zu denken, ich finde Gonzalez nett! Allerdings anschauen kann ich ihn ja mal, flüchtig – interessiert mich eigentlich nicht. Gut, ein bißchen genauer.

Der ist nur knapp so groß wie mein Kopf, und wie der schaut! Vielleicht mal ganz genau ..., wie flauschig der ist! Ha, er steht auf! Der wackelt vielleicht herum, wo bleiben da die grazilen Katzenbewegungen, die unsereins bekanntermaßen zu eigen sind?

Bei mir war das sicherlich nie so! Gleich wieder auf Distanz gehen. Mit fauchend erhobener Pfote verweise ich ihn in seine Schranken. Doch was bildet sich der denn ein: buckelnd und mit dickem Schwänzchen seitwärts um mich herum tänzeln und ebenfalls fauchen, der winzige, miese Angeber! Da ist gleich eine kräftige Ohrfeige fällig! Oje, er fällt schreiend um. Das war überhaupt nicht so fest, dieser Schauspieler. Kurz darüberschlecken zum Trost, das muß reichen.

Zugegeben, er scheint recht nett zu sein. Gerade deshalb kann ich nur sagen: von wegen „mutterloses Findelkätzchen" ...! Ich kenne doch mein Frauchen! Geklaut hat sie ihn, der armen Mutter! Ja! Einfach mitgenommen, wäre ja ein komischer Zufall, so etwas Niedliches zu finden, Geschichtenerzählerin! Soll sie nur sehen, wie sie ihn großzieht – bin gespannt, wie sie ihm auch nur die einfachsten Katerverhaltensweisen beibringen will.

Du großer Oberkater, jetzt geht es doch schon los! Statt sein Menü zu verspeisen, läuft er darin herum. Wie es hier aussieht, wie der aussieht! Da muß ich mich einfach ein wenig einmischen. Schließlich muß ich in meinem Revier auf Ordnung und Sauberkeit achten. So ein verdrecktes Etwas verpestet die Luft, zieht Ungeziefer an, ist eine Beleidigung fürs Auge ...! Ach was soll's, ich kümmere mich halt ein bißchen um ihn und bringe ihm das Nötigste bei. Natürlich nur in meinem eigenen Interesse. Sonst gibt es dazu keinerlei Veranlassung. Wirklich nicht, dieser Gedanke wäre in der Tat absurd.

Fitneß mit Leine

Gartenzeit ist Trimm-dich-Zeit. Eigentlich bin ich ja eher der sportlich-draufgängerische Typ, wäre da nicht das Handikap der Leine. So muß ich halt sehen, wie ich das Bestmögliche daraus machen kann. Das ist oft überhaupt nicht so einfach! Im Eifer des Gefechtes ist leicht einmal der Aktionsradius überschätzt oder meine legendäre Katergeschicklichkeit beunruhigend in Frage gestellt.

Rund um den Fliederbusch habe ich meinen privaten Fitneß-Parcours, den ich so oft es mein Terminkalender zuläßt, mehr oder weniger intensiv und ausdauernd nutze. Der Intensitätsgrad entspricht hingegen nicht, wie man vielleicht annehmen möchte, meiner Lust und Laune oder meiner jeweiligen Tagesform. Ganz und gar nicht! Schließlich lege ich allerhöchsten Wert auf meine elegante, durchtrainierte und gepflegte Erscheinung.

Er resultiert alleine aus den, von mir persönlich leider nicht zu beeinflussenden, äußeren Umständen. Zum Beispiel beim hochaktuellen *„Treeclimbing“*: Mein berühmtes Klettervermögen hin oder her, die Leine ist dabei ausgesprochen hinderlich. Ein Fehltritt oder ein Ausrutscher genügen, gleich hat sie sich irgendwo verhakt, mit dem Ergebnis, daß sich der Aktionsradius verringert. Wenn es gut läuft. Wenn es indessen nicht so gut läuft, passiert viel Schlimmeres. Auch schon erlebt, wirklich! Ich weiß, wovon ich spreche, wenn ich sage: einen halben Tag aufgehängt im Fliederbusch verbringen! Na ja, eine halbe Stunde. Gut, o.k., aber zehn Minuten waren es sicher – Katerehrenwort. Da kann einem die Lust auf „Trimm dich“ schnell vergehen.

Und bis da mal einer seinen Hintern lüpft – katz kann sich regelrecht die Seele aus dem Leib rufen. Unfaßbar, was alles hätte geschehen können. Einziger Kommentar damals von Herrchen: „Hoppla, hast du dich mal wieder dumm angestellt?“ Was sagt katz dazu? Besser nichts, da ist jedes Wort absolut überflüßig!

Eine weitere klassische Leinen-Disziplin ist *„Bungee-Running“*. Hierzu zählen „Mitkater“ Cäsar oder Micky verjagen, hinter Fliegen, Schmetterlingen oder sonstigem Kleingetier herrasen oder einfach aufspringen und verrückt losrennen. Immer soweit die Leine reicht, beziehungsweise eigentlich weiter. Und das geht nicht. Was zu dem beliebten „Kick“ des abrupt zurückschnellenden Katers Paul führt. Außerordentlich lustig. Vor allem für zufällig anwesende Menschen.

Und schließlich gibt es noch das Action-reiche *„Entfessling“*. Eine Mischung aus Geschicklichkeits-, Kraft- und autogenem Training. Der Grad des erreichten Fesselzustands ist dem Zufallsprinzip unterworfen. Dementsprechend ist die eine oder andere Unterdisziplin mehr oder weniger gefragt. Das sieht ungefähr so aus:

„Fesselzustand harmlos“
Jetzt ist Geschicklichkeit Trumpf. Oftmals reicht es, tänzelnd und Pfoten schüttelnd die Leine abzustreifen oder ihren Weg um Grasbüschel, Äste oder sonstige Hindernisse geschickt zurückzuverfolgen. Im ungünstigen Fall muß versucht werden, Schlingen zu entwirren, indem katz hindurchklettert. Doch Vorsicht, das führt nicht selten zu:

„Fesselzustand bedenklich“.
Nun haben sich irreparabel Schlingen zugezogen – vorläufig jedoch nur um Fremdgegenstände. Jetzt heißt es Kraft anwenden. Durch Ziehen und Zerren kann von dem verlorengegangenen Aktionsradius wieder etwas zurückgewonnen werden – leider niemals der gesamte. Nun reicht aber unter Umständen schon ein weiterer „Fesselungsvorfall“, und der fast unaussprechliche

„Fesselzustand unerträglich“
ist erreicht. Das heißt, hilflos der Leine ausgeliefert, verschnürt wie ein Paket irgendwie und irgendwo herumsitzen, -stehen oder -liegen. Bewegungsunfähig und darauf angewiesen, die Panik mit autogenem Training zu bekämpfen. Ist der erste Schock überwunden, heißt es: Frauchen rufen.

Und jetzt sage noch mal jemand, das Hauskater-Dasein sei langweilig und ohne Abenteuer!

Mein Hausbeet macht mich verrückt

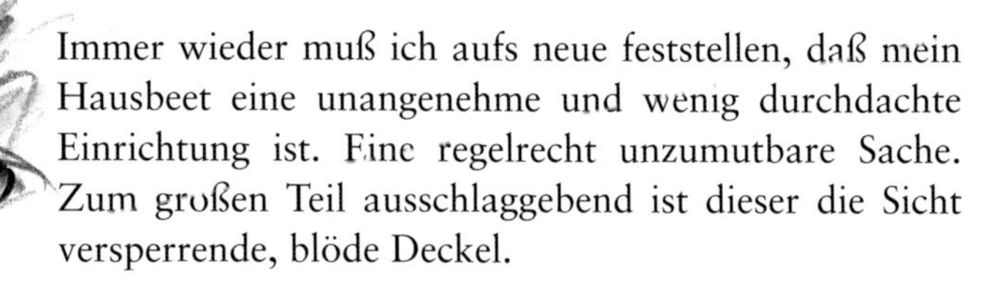

Immer wieder muß ich aufs neue feststellen, daß mein Hausbeet eine unangenehme und wenig durchdachte Einrichtung ist. Eine regelrecht unzumutbare Sache. Zum großen Teil ausschlaggebend ist dieser die Sicht versperrende, blöde Deckel.

Als Kater sollte man schließlich alles im Blickfeld haben – jederzeit. Sonst könnte katz ja eine Beute übersehen oder von einem bösartigen Angreifer überrascht werden. Das ist mir schließlich schon einmal passiert! Gerade versunken in umfangreiche Schaufelarbeiten – wird es schlagartig Nacht im Hausbeet. Plötzlich habe ich einen riesigen, glibbrig-feuchten Lappen im Gesicht!

Carlo natürlich, diese nervtötende Wolfskreatur. Schreck und Ekel fahren mir beim bloßen Gedanken daran wieder in die Knochen. Menschen gehen für so einen „Kick" in die Geisterbahn, ich erlebe es im eigenen Hausbeet! Um diesem Mißstand ein Ende zu bereiten, arbeite ich jetzt bei jeder sich bietenden Gelegenheit daran, den Deckel mit Durchblick zu versehen.

Eine Arbeit ist das! Stundenlang, mehrmals am Tag bekratze ich die Innenwände mit beiden Vorderpfoten, seit Monaten. Allein der Erfolg läßt auf sich warten. Obwohl ich meine, kürzlich bemerkt zu haben, daß eine gewisse Abnutzungserscheinung an der linken Seite Anlaß zu Hoffnung auf ein baldiges positives Ergebnis gibt. Und meine Menschen, das muß katz sich einmal vorstellen, denken, ich hätte nicht mehr alle Brekkies in der Schachtel.

Glauben die doch tatsächlich, ich wüßte nicht richtig mit der Hausbeet-Füllung umzugehen. Da ist sogar von verkümmerten Instinkten die Rede, die mir gerade noch übermitteln „Scharren ist angesagt", aber nicht wo und wie. Da muß ich mich fragen, wessen Instinkte ..., oder? Und daß ich vor lauter Umbauarbeiten manchmal keine Pfote zum kompletten Zudecken gewisser Sachen frei habe, sollte wohl selbstverständlich sein.

Das neue Kultgetränk

Vor noch nicht allzu langer Zeit haben meine Menschen im Beuteraum ein neues Gerät installiert, das seitdem täglich mehrmals in Betrieb gesetzt wird. Ein grauenhafter Vorgang! Zumal der erste Lauf im „Morgengrauen" gestartet wird, wenn rechtschaffene Kater noch selig schlummern.

Doch dieser Gemütlichkeit wird jäh ein Ende gesetzt mittels durchdringendem Zischen, ohrenbetäubendem Brüllen und undefinierbarem Blubbern. Wie gesagt: täglich. Als würde das nicht ausreichen, geht es munter so weiter, vorausgesetzt, Herrchen ist da. Frauchen rührt das Ding nie an – ein Umstand, der meine flatternden Nerven auch nicht gerade beruhigt. Sie ist ja so sicherheitsbedacht und wird deshalb genau wissen, warum sie ihre Krallen davon läßt.

Jedenfalls hat sich um das, was aus diesem kreischenden Apparat herauskommt und von meinen Menschen als „Caputschäno" oder so bezeichnet wird, ein regelrechter Kult entwickelt. Jeder Gast wird, kaum daß er den Fuß zur Türe hereinsetzt, angemacht, ob er einen solchen „Caputschäno" möchte. Vor allem der Eigenbedarf meiner Menschen scheint sich täglich zu steigern. Irgendwann lärmt rund um die Uhr die „Caputschäno"-Produktion, obwohl schon jetzt überall welche herumstehen.

Da ich bereits seit geraumer Zeit in unzähligen Selbstversuchen feststellen konnte, daß menschliche Nahrungsmittel auch für unsereins äußerst empfehlenswert sein können, lasse ich es mir nicht nehmen, das neue Kultgetränk einmal zu verkosten. Zumal ein von mir festgestellter, nachgewiesenermaßen hoher Milchanteil es eindeutig nach katzengerechtem Genuß duften und aussehen läßt. Nach heldenmutigem Abarbeiten der köstlich schaumigen Milchhaube gerate ich schnell an die eigentlichen Hauptbestandteile des unheimlichen Gebräus. Der anmutige Geschmack warmer Milch wird durch einen leicht bitteren, etwas derben Nachgeschmack ein wenig eingeschränkt. Aber im großen und ganzen nicht schlecht. Je mehr katz davon schlabbert, um so besser schmeckt es. Man gewöhnt sich daran, eine halbe Tasse ist schnell weg.

Hm, irgendwie habe ich einen Blubberbauch, aber ich kann wirklich nicht aufhören, bei solch einer Gelegenheit. Die erste Tasse ist leer, gleich zur nächsten. Hoffentlich kommt keiner, schnell weg mit dem Zeug, schneller, schneller ... fertig!

Normalerweise sollte ich jetzt – wie üblich, nach solch einer umfangreichen Magenfüllung – ein Verdauungsschläfchen halten. Köter noch mal, ich bin viel zu aufgeregt. Das haut mich fast von den Krallen! Geradezu verrückt ist es, mein Herz klopft mir bis zum Hals – verstehe ich nicht – hab' doch schon oft etwas vom Napfpodest verschwinden lassen.

Hin und her treibt es mich, von einem Fenster zum anderen, rauf auf die Schränke, runter unter das Sofa, immer wieder kreuz und quer, von einem Eck ins nächste, treppauf, treppab! Ich werde nicht müde!

Achtung, Frauchen kommt, von weitem abspringen, rauf auf die Schulter, gleich weg unter den Flügel, mit quietschenden Pfoten an ihr vorbei, und los geht die neue Runde. Sie versteht die Welt nicht mehr, im Vorbeihasten höre ich, wie sie Herrchen ruft. Als Zeugen für mein, wie sie sagt, „durchgeknalltes Verhalten". Verstehe ich nicht – bin doch völlig normal! Keine Zeit! Muß weiter, muß rennen, muß jagen, muß verfolgen, muß ...!

Aha, „Caputschäno" wird vermißt! Frauchen meint, vielleicht sei Herrchen so zerstreut und hätte zwar einen machen wollen, ... Worauf Herrchen entrüstet entgegnet, Frauchen hätte, dusselig wie sie bisweilen sei, ganz aus Versehen beide ...

Sie stehen vor einem schier unlösbaren Rätsel. Zusätzlich zu ihrer undurchsichtigen „Caputschäno"-Affäre werden sie auch noch durch mich verwirrt! Hin und her, kreuz und quer und absolut keine Ruhe in Sicht. Selbst wenn ich wollte, könnte ich nicht stillhalten. Alles, was mir unter die Pfoten kommt, wird zur Beute. Jede sich bietende Gelegenheit, nach oben zu gelangen, wird zum Klettergerüst – ob Mensch oder Vorhang oder sonst was.

Gerade auf Herrchens Kopf gelandet, höre ich die unheilverheißende Frage: „Ob vielleicht der Paul die „Caputschänos" ...?" Spinnt wohl, welche Idee! Kein Kater der Welt hat Interesse an „Caputschäno"! Auf was Menschen so alles kommen!

Besser gleich wieder weg und weiter in Aktion, noch Stunden, bis in die Nacht, zunehmend sorgenvoll beäugt von meinen Leuten. Irgendwann, unglaublich viel später, kann ich mich endlich ein bißchen ruhiger hinsetzen und einigermaßen klare Gedanken fassen. Eines steht jedenfalls fest, ein Teufelszeug ist das, dieser „Caputschäno". Zwei volle Tassen sind für meine katerliche Person wahrscheinlich ein bißchen übertrieben, aber gezielt dosiert ist es ein toller Fitmacher. Das Verschwinden kleinerer Mengen fällt dann auch nicht so schnell auf. Somit ist sicher: Jetzt ist „Caputschäno" auch mein Kultgetränk.

Das Prunkstück

Seit einiger Zeit bekommen wir regelmäßig Damenbesuch. Mit „wir“ meine ich meine Menschen, Cäsar, Gonzalez und mich. Ganz entschieden möchte ich nämlich bereits im Vorfeld den Verdacht ausräumen, es handle sich um eine Freundin meiner katerlichen Person.

Eine solch unrühmliche Tatsache würde nur Schatten auf meine glanzvolle Position werfen. Im Gegenteil: Ich bin derjenige, der sie gezielt unfreundlich davon zu überzeugen versucht, schnellstmöglich wieder dorthin zu verschwinden, wo sie herkommt. Es dürfte sich hierbei um die berüchtigten Stadelghettos am Dorfrand handeln, da bin ich mir so gut wie sicher.

Unangenehm, wenn sich solch ein Pack in meinem noblen Gelände herumtreibt. Das Schlimme daran ist, sobald katz solchen eine Kralle reicht, reißen sie sich die ganze Pfote. Alsbald drängen ganze verlotterte Familien darauf, ebenfalls wohlwollend aufgenommen zu werden. Außer mir scheint jedoch niemand das finstere Spiel zu durchschauen.

Cäsar, der alte Sack, scharwenzelt im „dritten Frühling“ – oder ist es der „vierte“ – kopflos um sie herum, als wäre sie eine schicke Siamesin. Vor lauter Aufregung scheint er nicht zu sehen, daß es sich lediglich um eine mickrige, viel zu klein geratene graue Maus handelt.

Und mein Frauchen? Bergeweise verschwinden Futterrationen aus meinem Bestand! Eines steht fest, sobald ich merke, daß das bei meinen Portionen eingespart wird, kann sie wirklich was erleben. Herrchen faßt die Schlampe sogar an! Das habe ich wiederholt mit eigenen Augen gesehen. Seitdem habe ich jeglichen körperlichen Kontakt zu ihm drastisch eingeschränkt. Da kann katz sich ja weiß der Wolf was holen.

Ihr Interesse an mir scheint besonders groß. Klar, sie hat gleich erkannt, daß ich hier der zentrale Punkt bin. Ohne mein Einverständnis kein Asyl, so einfach ist das. Ich werde mich aber hüten! Da müßte wirklich ein anderes Kätzchen an der Tür kratzen!

Gerade stolziert sie wieder provokant gurrend an der Terrassentür auf und ab, meint, sie könnte mich um die Kralle wickeln. Mit was spielt sie da nur dauernd? Das glitzert und blinkt, ist glatt und flutschig. Wenn ich es nur besser sehen könnte, Köter noch mal. Fast an der Scheibe klebend, kann ich trotzdem nichts genau erkennen.

Unendlich lange kokettiert sie gezielt vor meinen Augen herum. Schnurrend und tanzend in den aufreizendsten Posen wirft sie das glitzernde Etwas in die Luft, fängt es, wirft es – immer wieder aufs neue. Dieses schamlose Spiel sollte einmal meine Menschin sehen, dann hätte sie sicher vollstes Verständnis für meine Vorbehalte gegenüber dieser Unkatze!

Langsam scheint sie das Getue selbst satt zu bekommen. Sie legt sich mit ihrem schillernden Angeberstück hin, direkt vor die Türe, und verspeist es mit sichtlichem Vergnügen. Unglaublich, die hat also mit Eßbarem ihr seltsames Spielchen inszeniert, wie triebhaft und primitiv. Ärgerlich, daß ich einfach nicht erkenne, was das ist. Frauchen ist auch nie da, wenn sie nützlich wäre. Sie würde die Angelegenheit sicher kommentieren, so könnte ich wenigstens etwas erfahren.

Nachdem sie ihre undurchsichtigen Machenschaften beendet hat, verschwindet diese Mickerkatze endlich zu einem Verdauungsschlaf und nervt mich nicht länger mit ihren dubiosen Aufführungen.

Nachtrag:
Einige Wochen später war das liederliche Wesen genauso plötzlich verschwunden, wie es gekommen war. Was will man von solch zwielichtigen Gesellinnen auch anderes erwarten. Mit was sie mich damals aus der Fassung bringen wollte, kann und darf katz eigentlich gar nicht in Worte fassen. Ein Fisch! Katz stelle sich vor, ein richtiger, echter Fisch! Wahrscheinlich aus Nachbars Weiher! Frauchen hat das Corpus delicti entdeckt, kam plötzlich vorwurfsvoll mit einem abgenagten Fischgerüst herein. Hat es diese Straßenkatze nicht einmal nötig gehabt, die Spuren und Hinweise auf Ihre Missetat zu vernichten. Der Verdacht lastet übrigens ausschließlich auf Cäsar. Das freut mich wiederum ungemein!

Jacken-Jumping

Sportliches Engagement und Hauskater-Dasein sind zwei oft schwierig miteinander zu vereinbarende Komponenten. Besonders im Zusammenleben mit eher unverständigen, spießigen Menschen.

So treten leider diesbezüglich auch in meinem Revier zeitweilig äußerst lästige Mißverständnisse zwischen mir und meinen menschlichen Mitbewohnern auf. Statt meinen Sportsgeist zu fördern und meinen Körperkult zu forcieren, indem sie mir alle erdenklichen Fitneßgeräte und Sportutensilien mit Begeisterung zur Verfügung stellen, versuchen sie mich pausenlos mit den sinnlosesten Vorschriften in meiner sportlichen Entfaltung einzuschränken und zu maßregeln. Schauderhaft! Paul, hör auf! Paul, das darfst du nicht! Paul, gscht, gscht, geh weg da! So heißt es den lieben langen Tag. Meine Gesundheit und meine Kondition bleiben dabei auf der Strecke.

Zum Beispiel gerade vorhin. Ich wollte meine überschüssigen Energien wieder einmal in Form der in Hauskaterkreisen derzeit hochaktuellen Sportart „Jacken-Jumping" kompensieren. Kaum angefangen, kommt Frauchen an. Lautstark einen der bereits zitierten Sätze von sich gebend, behindert sie vorsätzlich und tätlich mein sportliches Programm.

Ausgerechnet gerade zu dem Zeitpunkt, als ich ausprobieren möchte, ob mein leider nicht mehr ganz taufrischer Körper noch fähig ist, sich geschmeidig durch den Ärmel einer Jacke zu schlängeln.

Für wenige Sekunden wehrlos und unfähig zu einem eleganten Blitzstart – schon schnappt sie zu. Diese Blamage! Oberkater sei Dank ist außer uns beiden niemand da. Nicht nur, daß mit ihrem menschlichen Verhalten meine physische Konstitution aufs unfairste untergraben wird, hier handelt es sich eindeutig um übelsten Psychoterror!

Das Vampirgefühl

Mit der neuen Kaffeemaschinen-Generation in meinem Revier bürgerte sich zugleich das sehr reizvolle Phänomen der „häufig herumstehenden Milchtüte“ ein. Anfangs noch unerfahren mit diesem Behältnis für das beliebteste Katzengetränk schlechthin, konnte ich nur staunend den herrlichen Duft aus der kleinen, von meinen Menschen angebrachten Öffnung bewundern.

Nach kurzer Zeit war mir solch ein distanzierter Genuß ohne direkten Verzehr des wohlschmeckenden weißen Labsals entschieden zu wenig. Also kümmerte ich mich intensiv darum, die Milchtüten-Situation besser zu nutzen. Seitdem fallen mir in regelmäßigen Abständen durch einfaches Umwerfen der betreffenden Tüten ansehnliche Sonderrationen Milch zum Opfer. Die Sache hat leider nur einen Haken, eigentlich sogar zwei: die Frequenz der „häufig herumstehenden Milchtüte“ ist dadurch leicht rückläufig, außerdem hilft pures Umwerfen bei geschlossenen Tüten überhaupt nicht weiter. Aber ich wäre nicht Paul, wenn ich dieses Problem nicht lösen könnte.

Gut, ersteres entzieht sich leider doch irgendwie meines Einwirkens, diesbezüglich baue ich auf die Vergeßlichkeit und Zerstreutheit meiner Leute. So fällt mit hoher Wahrscheinlichkeit trotzdem laufend Milch für mich ab. Für die verschlossenen Tüten habe ich inzwischen eine geniale Vorgehensweise entwickelt, die sicher jedes Katzenherz entzücken würde.

Denn das Gefühl ist einfach unbeschreiblich, wenn sich die Zähne vampirhaft in das nach einigem Druck nachgebende Material vergraben und die Milch aus den Einbißlöchern spritzt. Bei schneller Wiederholung an verschiedenen Stellen wird aus der Milchtüte ein leckerer Milchspringbrunnen, der mich in ein einzigartiges Schlaraffenlandgefühl versetzt.

Hinzu kommt der überaus praktische und willkommene Pflegeeffekt für die Zähne. Immerhin sollen wir Hauskatzen unsere Reißzähne regelmäßig sinnvoll einsetzen, sonst fallen sie womöglich eines Tages einfach aus, weil sie überflüssig geworden sind.

Wenn nur nicht die Menschin wäre, die meinem ekstatischen Milchbad immer wieder rücksichtslos ein jähes Ende setzt. Aber der nächste „Caputschäno" kommt bestimmt und mit ihm eine „häufig herumstehende Milchtüte".

Das Mahnmal

Zur Zeit haben meine Menschen die ausgesprochen unangenehme Anwandlung, mich sträflich zu vernachlässigen. Frühmorgens total mißgelaunt, stellen sie mir gerade noch mein Frühstück hin, sonst ist da rein gar nichts zu erwarten. Keine nette Begrüßung, kein Morgensport durch Kügelchenschmeißen, geschweige denn ein Schmusestündchen.

Fast kommt es mir so vor, als merken sie nicht, daß es mich noch gibt. Gut, sämtliche Alltagsarbeiten wie Essen machen, Hausbeet reinigen, Schlafplätze aufschütteln etc. werden weiterhin täglich erledigt. Alles, was darüber hinausgeht, ist hingegen restlos gestrichen. Auch die Pünktlichkeit läßt schwer zu wünschen übrig – es kommt immer öfter vor, daß mein Abendessen nach Mitternacht in meiner Speiseecke steht oder an Sonntagen das Frühstück erst mittags serviert wird. Außer zeitweisen Bemerkungen wie „viel zu tun, kann auf Dauer nicht so weitergehen" bewegt sich sonst nichts.

Wenn sie genau wissen, woran es liegt, sollten sie es eben ändern. Schließlich haben sie wohl wesentlich wichtigere Pflichten: Paul herzen, Paul unterhalten, mit Paul spielen, Paul verwöhnen. Das sind schon einmal die Dinge, die mir auf Anhieb einfallen. Und das mit der vielen Arbeit halte ich gelinde gesagt für eine üble Ausrede.

Ich kann mich noch gut erinnern, ein paar Jährchen ist es her, als Frauchen ein Einzelfrauchen und Herrchen noch nicht in Sicht war, was war das zeitweise für ein Hundeleben. Tagsüber halbtot oder im Halbschlaf über irgendwelchen Büchern sitzend, wurde mein „Sturm-und-Drang-Frauchen" abends regelmäßig topfit. Mit dem Ergebnis, daß sie sich irgendwo aushäusig die Nacht um die Ohren geschlagen hat, erst im Morgengrauen nach Hause kam und – völlig desinteressiert an meiner katerlichen Person – erledigt in ihren Menschenkorb gesunken ist. Das ging ohne nennenswerte Unterbrechungen über einige Wochen so dahin. Semesterferien nannte sich der Spaß damals.

„Viel zu tun" heißt das Ganze heute, sehr witzig – so ändern sich die Zeiten. Vielleicht glaubt Frauchen, diese Mitleidstour könnte mich beschwichtigen. Wahrscheinlich erinnert sie sich, was damals, als es mir endgültig zuviel wurde, passiert ist. Nun meint sie, daß ich das unter den derzeit angeblich herrschenden widrigen Umständen nicht übers Herz bringe.

Aber da täuscht sie sich. Genau das werde ich nämlich wieder machen. Es war ja sehr wirkungsvoll, seinerzeit. Drei Tage gebe ich ihnen noch. Wenn sich dann nichts merkbar ändert, werde ich wieder damit beginnen, Mahnmale zu plazieren. In der Früh, bevor sie aufstehen, vor die Menschenzimmertüre und abends, während sie unterwegs sind, vor die Wasserzimmertüre. Täglich so lange, bis sie kapieren, was Sache ist. Frauchen sollte eigentlich schnell erkennen, was die Stunde geschlagen hat. Wenn nicht, müssen sie mit mir eben einen Katzenpsychologen konsultieren, der wird sie dann hoffentlich aufklären.

Ein außergewöhnlicher Beutezug

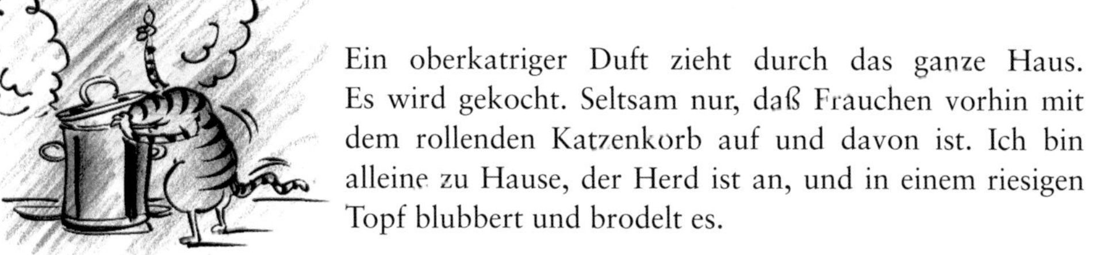

Ein oberkatriger Duft zieht durch das ganze Haus. Es wird gekocht. Seltsam nur, daß Frauchen vorhin mit dem rollenden Katzenkorb auf und davon ist. Ich bin alleine zu Hause, der Herd ist an, und in einem riesigen Topf blubbert und brodelt es.

Vorsichtig aus der Nähe betrachtet, zeigt sich mir ein aufregender Aspekt auf. Der Deckel des Topfes ist nicht richtig geschlossen. Im Inneren wabert eine Menge Wasser mit allerlei Grünzeug. Mittendrin ragt ein dunkler Berg heraus. Ein riesiger Brocken Fleisch! Soll das ein Test meiner Charakterfestigkeit sein? Wenn ja, bin ich freiwillig glatt durchgefallen. Denn alles, was mich nun noch interessiert, ist: Wie stelle ich es an, schnell und unbeschadet das Fleisch aus dem kochenden Wasser in meinen Magen umzuquartieren?

Warum haben nur Menschen eine so praktisch einsetzbare fünfte Kralle? Aber gut, mechanische Ausstattung gegen brillante Intelligenz. Da sollte mir leicht etwas Geniales einfallen, dafür bin ich schließlich bekannt. Also, nun heißt es, ran an den Speck! Flugs auf die Küchenzeile, vorsichtig probiert, wo es zu heiß und wo es einigermaßen erträglich zum Stehen ist. Dann wird messerscharf überlegt. Klar, der erste Schritt steht fest: mittels schnell aufeinanderfolgender kraftvoller Schläge mit der Vorderpfote erst einmal den Deckel wegschubsen. Welch ein grauenvoller Lärm – Hauptsache, es hat hervorragend funktioniert. Der zweite Schritt ist wesentlich komplizierter, theoretisch liegt es gleichwohl deutlich auf der Pfote, was zu tun ist. Achtsam über den Topf gebeugt, versuche ich mit meinen Krallen das köstliche Gut zu erhaschen.

Ganz schön heiß, so ein Dampfbad. Das Fleisch ist aber auch schwer, dreimal ist es mir jetzt bereits von der Kralle gerutscht. Mühsam ernährt sich das Katerchen. Obacht, langsam die Pfote aus dem Topf heben, es scheint gut an der Kralle zu hängen. Stück für Stück – wenn das nur nicht so warm wäre! Geschafft, ich habe es über dem Topfrand, ein kurzer Schüttler, schon liegt das Festmahl vor mir auf dem Boden. Nun muß ich lediglich so lange Geduld bewahren, bis es eine katergerechte Essenstemperatur erreicht hat. Vorsichtshalber schaffe ich es auch gleich aus dem direkten Blickfeld meiner Menschen. Katz weiß ja nie, falls sie überraschend auftauchen.

Nach einer mir endlos vorkommenden Wartezeit ist es schließlich soweit. Genüßlich mit meiner einzigartigen Beute vereint, gebe ich mich ausgiebig dem redlich verdienten Braten hin. Ich muß sagen, das ist wirklich einer der absoluten Höhepunkte in meinem gesamten bisherigen Hauskater-Dasein!

Das katzige Kultspiel

Bei uns Katzen gibt es eine sportliche Disziplin mit Kultcharakter, mit der es sich recht seltsam verhält. Jede Katze und jeder Kater wird gleichermaßen mit der Vorliebe zu dieser Betätigung, ab einem gewissen Jugendalter, regelrecht infiziert.

Im Verlauf eines Katzenlebens entwickelt es sich dann bei manchen geradezu zu einer Sucht, der mehrmals täglich gefrönt wird. Andere geben sich dieser Beschäftigung nur noch äußerst selten hin. Es steht sogar wissenschaftlich bewiesen fest, daß jede Katze ab einem Alter von ca. drei Monaten – ob weiblich oder männlich – es schon einmal gemacht hat beziehungsweise es weiterhin mehr oder weniger regelmäßig macht.

Ich auch. Recht häufig, obwohl selbst ich nicht sagen könnte, wie es dazu kam. Irgendwann war es soweit, es überkam mich unversehens. Ich konnte mich einfach nicht dagegen wehren. Wollte ich auch gar nicht. Warum denn? Handelt es sich doch hierbei um ein einzigartiges Vergnügen, das zudem ein vortreffliches Konditions- und Geschicklichkeitstraining darstellt. Sozusagen eine Bereicherung für mein allgemeines Wohlbefinden. Besonders vorteilhaft ist natürlich, daß wir Katzen dieses außergewöhnliche Ersatzbeutestück immer und überall mit uns führen. Sozusagen am eigenen Leib und jederzeit verfügbar.

Unverständlich, warum nicht alle Lebewesen diese Disziplin schätzen. Nun gut, manchen fehlt es an der nötigen Ausstattung, aber sehr viele hätten das Zeug dazu, genauso wie unsereins. Ganz ungefährlich ist es übrigens ebenfalls nicht. Wenn katz sich zu sehr in dem berauschenden Spiel verliert, kann es vorkommen, daß katz in einem regelrechten Sinnestaumel den Boden unter den Krallen verliert. Das passiert freilich eigentlich nur Anfängern und Dilettanten. Glaube ich jedenfalls.

Gute Aussichten

Alle Katzen, das weiß jeder, lieben Höhepunkte. Ich natürlich auch. Fast deckenhohe Regale und Schränke, besonders kräftige und große Zimmerpflanzen und sonstige in die oberen Gefilde ragende Gegenstände üben eine unwiderstehliche Faszination auf mich und meinesgleichen aus.

Wenn mit solch einer lockenden Höhe auch noch ein fellaufstellendes Abenteuer verbunden ist, dann ist das der ultimative „Kick", den ich ab und zu einfach brauche. Oberkater sei Dank befindet sich solch eine nervenkitzelnde Erlebnisanlage direkt in meinem Revier, im Beuteraum. Ungesichert, wacklig und garantiert absturzfreundlich, präsentiert sie sich genauso, wie es sich ein echter Sportskater wünscht.

Nur auf Umwegen vom höchsten Küchenschrank über den schmalen Grat des Türstockes erreichbar, glitzern sie verführerisch in der flirrenden Höhenluft: Zwei menschenkrallendicke, unweit voneinander parallel verlaufende Drahtseile, knapp unter der Zimmerdecke schwebend und in unregelmäßigen Abständen mit dubiosen Draht-Glas-Gebilden behängt.

Haben einmal alle vier Pfoten den sicheren, aber winzigen Vorsprung des Türrahmens verlassen, gibt es kein Zurück mehr. Jetzt helfen nur noch Geschicklichkeit, gute Nerven und eine Riesenportion Glück. Über dem lauernden Abgrund auf den beiden in unberechenbare Schwingungen geratenen Drähten balancierend oder unten an ihnen hängend, heißt es jetzt die Strecke des letzten Males zu überbieten und abzuwarten, wer heute zuerst am Boden ankommt: Kater Paul oder eines der seltsamen Draht-Glas-Gebilde.

Bis jetzt war noch immer ich erster, die Dinger sind einfach zu langsam. Darum kommen meine Menschen auch jedesmal zu spät, um sich mit eigenen Augen von meiner Abenteuertour zu überzeugen. Wenn es kracht und klirrt, bin ich längst leise federnd aufgekommen und nur noch ein unbeteiligter Zaungast, der überrascht auf die zerborstenen Gegenstände am Boden blickt.

Manchmal glaube ich allerdings, sie haben so eine vage Ahnung von dem, was da geschieht ...?!

Meine Menschen denken nur an sich

Meine Verpflegungssituation ist wirklich skandalös! Richtige Selbstversorgung kommt zu meinem Leidwesen nicht in Frage, da sich weder jemals eine Maus noch ein Vogel in unser Haus verirrt. Ich muß froh sein, wenn ich einmal eine Fliege oder so etwas Ähnliches durch die Zimmer jagen kann – aber davon satt werden ...?

Dennoch sind meine Menschen irrtümlich der Meinung, daß ich mit der mir von ihnen zugedachten Tagesration zufrieden bin und nach deren Genuß nicht mehr hungrig sein kann. Und das, obwohl ich, wenn ich mich manchmal unbemerkt aus dem Staub machen konnte, bei meiner Rückkehr grundsätzlich Beute mitbrachte. Zur Demonstration, worauf es mir ankommt. Bedauerlicherweise war das sinnlos, es fruchtete überhaupt nicht.

Was mir gerade noch bleibt, ist eine leider sehr eingeschränkte Möglichkeit der Eigeninitiative bei der Futterbeschaffung: der (Mund-)Raub. Doch das ist eine höchst komplizierte Wissenschaft für sich. Immerhin gibt es vier verschiedene Kategorien, innerhalb derer wiederum differenzierte Alternativen zur Auswahl stehen:

(Mund-)Raub-Kategorien

Ungefährlich, da für den Menschen uninteressant

- Geleerte Katzenfutterdose ausschlecken
- Trockenfutterschachtel umwerfen und etwas entnehmen
- Vorratsdeckel von Katzenfutterdose entfernen und mit der Pfote etwas herausholen
- Käserinden oder sonstige menschliche Essensrückstände entsorgen

Harmlos, da höchstwahrscheinlich unbemerkt

- Minientnahmen fester Nahrungsmittel von umfangreichen Platten, Töpfen, Tellern.
  Wichtig: Arrangement darf nicht sichtbar verändert werden!

- Abschlecken halbfester Nahrungsmittel, wie z. B. Butter, Leberwurst, Streichkäse.
  Wichtig: Es darf kein verräterisches Zungenmuster zu sehen sein!
- Zunge oder Pfote in flüssige Nahrungsmittel eintauchen, z. B. in Milch, Sahne, Joghurt, Caputschäno
  Wichtig: Es dürfen keine Lachen oder Pfotenabdrücke hinterlassen werden!

Riskant, da garantiert auffällig
- abgestellte, vergessene Einzelnahrungsmittel vom Napfpodest, der Küchenzeile etc. entfernen
- Milchtüten umwerfen oder aufbeißen und ausschlabbern
- Joghurtbecher, Suppentüten oder sonstige Behältnisse knacken und Inhalt verzehren
- Brot, Gebäckstücke oder Schokowaren entwenden

Bedrohlich, da unglaublich dreist
- blitzschnell etwas vom Schrank krallen, während die Menschen Nahrung zubereiten
- auf Napfpodest liegend langsam Happen an sich ziehen
- beim Essen auf dem menschlichen Schoß sitzen und mit der Pfote etwas vom Teller reißen
- auf dem Aquariumrand sitzen und mit der Pfote angeln

Je nach Kategorie führt das „Ertapptwerden" zu mehr oder weniger massiver Gegenwehr seitens meiner Menschen. Von Kategorie „*Bedrohlich*" rate ich übrigens eher ab, denn bedrohlich steht unter Umständen für bedrohlich für Leib und Seele – ich weiß, wovon ich spreche, ich habe nämlich schon alles ausprobiert!

Neues von Gonzalez

Der Kleine ist heute mal wieder besonders verrückt. Im Schweinsgalopp vom Beutezimmer ins Kuschelzimmer, dazwischen rauf auf's deckenhohe Bücherregal, runter unter den Flügel, über den Napfpodest, rüber auf das Sofa, seitwärts als Angeber paarmal darauf hin und her gehopst ... Ohne Ende, immer wieder! Er ist bereits ganz außer Atem, bekommt kaum Luft, sein rosa Näschen ist grell pinkfarben, seine Ohren glühen, seine Augen sind tiefschwarz und schillern total verrückt.

So geht das tagein, tagaus – ohne Rücksicht auf Verluste. Wenn der kein Hauskater wäre, hätte ihn längst ein Auto überfahren. Einmal in Aktion, ist sein Verstand komplett ausgeschaltet, er hat einfach keine Augen mehr im Kopf.

Kein Tag vergeht ohne zerborstene Gegenstände oder sonstige Zerstörungen. Unsere Menschen sind schon völlig außer sich. Frauchen geschieht es recht. Sie mußte ihn ja unbedingt anschaffen. Und unser Tierarzt hat mit Gonzalez auch ausgesorgt. Mindestens einmal die Woche ein schlimmer Unfall – von unter der Tür eingeklemmter Pfote über Verschüttung unter herabstürzender Glastüre, bis hin zum Absturz vom Regal – Kopf voran, versteht sich.

Wobei der Verunglückte auch grundsätzlich gleichzusetzen ist mit dem Verursacher des betreffenden Unglücks. Was habe ich mich doch bemüht, einen gestandenen Kater aus ihm zu machen, aber dieses Rabaukentum, ich weiß nicht, woher er das hat. Na ja, er wurde damals angeblich in der „tiefsten Pampa" mutterlos aufgefunden, was will man da groß erwarten.

Oberkater sei dank, habe ich sehr viel Verständnis für die Jugend und meistens – im Gegensatz zu unseren Menschen – riesigen Spaß an dem, was er so alles treibt. Da kommt wenigstens ordentlich Leben und Abwechslung in die Bude, und ich schwelge in einer Art Jungbrunnen. Und das kann ich gut gebrauchen. Denn ich muß zugeben, ich war, bevor Gonzalez zu uns kam, schon ein wenig bequem und faul geworden – trotz des täglichen Fitneß-Programms und extravaganter Sportarten.

Zwei seiner Gewohnheiten – das muß auch einmal gesagt sein – finde ich jedoch geradezu suspekt! Ich weiß mir wirklich keinen Reim darauf zu machen, wie es dazu kommen konnte.

Die eine Sache ist die Beziehung zwischen ihm und diesem Hoppler Jonathan. Der wohnt jetzt in einem Austragshüttchen und hat einen eigenen kleinen Garten im Menschengarten, kommt allerdings von Zeit zu Zeit zu Besuch herein. Und was macht der Kleine? Er spielt und schäkert mit ihm, sitzt auf ihm und schleckt ihn sogar ab! Einfach grauenhaft und unverständlich. Woher er das hat, keine Ahnung. Ich habe schließlich bis heute jeglichen körperlichen Kontakt zu diesem Hasenartigen strikt vermieden. Vielleicht liegt es daran, daß beide schwarzweiß sind?

Das Zweite ist sein Verhältnis zu Fremden. Gut, ich möchte mit den meisten auch nichts zu tun haben, aber für ihn ist jeder Mensch – außer Frauchen und Herrchen natürlich – gleich eine „böse Frau“ oder ein „böser Mann“. Es reicht, daß jemand am Fenster vorbeigeht, damit er mit gesträubtem Fell knurrend herumschleicht. Ja, beim erstbesten Geräusch sogar in heller Panik ins nächstgelegene Versteck stürzt und um keine Macht der Welt so schnell wieder hervorzulocken ist. Wenn einer dieser „Bösen“ dann auch hereinkommt, bin ich schlagartig der einzige Kater im Haus, noch Stunden danach. Manchmal muß ich sogar richtig suchen, bis ich ihn irgendwo im hintersten Eck verkrochen finde.

Verrückt, oder? Auf alle Fälle werde ich mein Bestes tun, ihm diese Unarten endgültig abzugewöhnen. So ganz klar ist mir allerdings noch nicht, wie.

Ein grauer Novemberabend

Draußen stürmt und schneit es, im Haus ist es auch nicht gerade mollig warm, zumal Frauchen zwei Tage weg war und einfach die Heizung auf Sparflamme gestellt hat. Bei mir zeigt sich von Winterpelz nicht ein einziges Haar. Kein Wunder, zur Zeit darf ich ja nicht einmal an der Leine die Pfoten vor die Türe setzen. So kann jedenfalls wirklich nicht die geringste Spur von Gemütlichkeit aufkommen.

Aber an mich denkt offensichtlich keiner!

Doch jetzt sieht es ganz gut aus. Voller Schadenfreude bemerke ich, daß Frauchen, nachdem sie offensichtlich auch wieder einmal hierzubleiben gedenkt, es ebenfalls sehr kalt und unangenehm findet. Aber anstatt sofort richtig einzuheizen und für ein katergerechtes Nest zu sorgen, braut sie sich ein eklig riechendes, heißes Getränk zusammen und läßt dampfendes Wasser in die Badewanne einlaufen.

Dann steigt sie – komplett ihres Pseudofelles entledigt – genußvoll in dieses Wohlgeruch und Wärme ausströmende Wasser und findet sichtlich Gefallen daran. Daß sie nicht zu Schnurren anfängt, ist alles. Schön für sie, schau ich halt, ob ich wenigstens meinen Sofaplatz selbst soweit aufheizen kann, daß ein Schläfchen möglich ist. Hier versäume ich wirklich nichts. Ist eben so, Menschen haben es besser als arme Kater.

Überhaupt, das mit der Baderei habe ich schon oft erlebt. Herrchen macht das auch immer, stundenlang. Und das Gemeine ist, die sind danach auch so toll geputzt und duftig frisch, so schaffe ich das nicht nach Stunden intensivster Katerwäsche.

Wenn es für mich doch nur eine Möglichkeit gäbe, auch einmal ein richtig gemütliches Bad zu nehmen und mich wirklich porentief rein zu schrubben – das wäre ein echtes Katerfest. Vielleicht sollte ich es bei Gelegenheit einfach ausprobieren.

Es weihnachtet sehr

Bald ist es wieder soweit, meine Menschen sind für eine Zeitlang ein bißchen mehr zu Hause. Draußen ist es kalt und ekelhaft und bei uns drinnen schön gemütlich und warm. Auch wenn mir der Sommer lieber ist, dieser Jahresabschnitt ist irgendwie etwas Besonderes.

Gute Stimmung, gutes Essen und viel Erholungszeit. Vor allem auf den ganz bestimmten Abend, an welchem die Feierlichkeiten mit Geschenken von allen an alle ihren Höhepunkt erreichen, freue ich mich besonders. Einmal, weil auch für mich jedesmal so nette Sachen dabei sind, wie Fellmäuse, Catnipsäcke und Katzenkuchen. Zum anderen, weil darüber hinaus soviel Aufregendes passiert.

Papierknäuel, gelockte Bändchen, dicke Schnüre, Pappkartons und schließlich sogar eine Tanne voller Spielsachen verzaubern die Wohnung in ein oberkatriges Katzenspielparadies. Gekrönt wird das Vergnügen noch mit einem dem Anlaß entsprechenden, besonders ausgiebigen, ausgewählten Dinner.

Bei all diesen netten Ereignissen möchte dieses Mal auch ich gerne zu der feierlichen Stimmung beitragen. Eine extravagante Idee habe ich schon, nur die Umsetzung ist nicht so einfach. Besonders bequem hätte ich es auch nicht. Aber vielleicht, für sagen wir mal eine halbe Stunde, würde ich es sicher durchhalten.

Jedoch nur unter der Voraussetzung, daß weder fremde Menschen noch Cäsar, Gonzalez oder Carlo anwesend sind. Die würden mich sicher boshaft auslachen aus Neid, weil sie kein so tolles Geschenk für meine Menschen haben.

So eine Bescherung

Langsam kehrt wieder Ruhe ein. Meine Menschen sind kurz davor, sich auf ihre Schlafplätze zurückzuziehen, nur ich habe noch etwas Unaufschiebbares zu erledigen. Darauf warte ich bereits voller Ungeduld den ganzen Abend lang.

Weder der lukullische Weihnachtsschmaus noch die vielen aufregenden Geschenke oder die bei solchen Gelegenheiten anfallenden Ersatzbeutestücke konnten mich von meinem Vorhaben ablenken. Mein wichtigstes und spannendstes Weihnachtsereignis steht mir noch bevor. Wenn es doch nur endlich losgehen könnte! Aber solange meine Menschen hier zugange sind, darf ich nicht einmal in die Nähe dieser speziellen Sache kommen. Sobald die etwas ahnen, zerplatzt mein Weihnachtstraum wie eine Seifenblase, weil sie „es“ dann bestimmt katersicher aufbewahren würden.

Immer wieder fällt ihnen eine Verzögerung ein, hier ein Gläschen Sekt, da noch einmal ein Geschenk zum 587ten Mal angeschaut und kommentiert, dort ein bißchen aufgeräumt ...! Um Wolfs willen, wissen die denn nicht, daß es bald 2.00 Uhr ist? Menschen gehören seit Stunden ins Bett! Und aus dem Alter, als ich mir gerne die Nächte um die Ohren geschlagen habe, bin ich sowieso längst heraus. Schließlich muß ich solange warten, bis ich sicher sein kann, daß sie tief und fest schlafen – vielleicht wird es ja etwas laut. Jetzt sitzen sie immer noch vor ihren halbvollen Gläsern. Ich riskiere es, von weitem checke ich schon einmal die Lage. Seit zwei Tagen steht er schon in der Wohnung, der Weihnachtsbaum. Seit einigen Stunden in seiner ganz besonders verführerischen Ausstattung. Ein bißchen klein ausgefallen dieses Jahr, dafür richtig echt, in einem großen Topf voller lockerer, schwarzer, frischer Erde!

Letztes Weihnachten war er fast deckenhoch und steckte in einem Mineralwasserkasten, der wiederum mit feinen Decken umhüllt war. Mein romantisches Frauchen hat trotz mahnender Worte von Herrchen damals auch dort unten einiges an hübschem Weihnachtszierat arrangiert. Bis auf drei wild verstreute Überbleibsel war das alles plötzlich ebenso verschwunden, wie mancher Schmuck vom Baum selbst. Wann hat katz schon auf so einfache Weise die Gelegenheit, verschiedene Holzfiguren – sogar Katzen waren dabei –, weiße Äpfel und allerlei Strohgebilde für sein Ersatzbeutelager zu bunkern!

Neben besagter Lagerbestandserhöhung und dem nestbaufreundlichen Deckengewirr rund um den Flaschenkasten bot der letztjährige Baum ein einzigartiges Kletterparadies, welches ich Nacht für Nacht intensiv genutzt habe. Um genau zu sein: drei Nächte lang. Dann fiel das geschmückte Gebilde samt meiner katerlichen Person im Gipfel mit ohrenbetäubendem Lärm um. Aus war es! So schnell konnte ich nicht schauen, wie meine Menschen alles zusammengepackt und auf die Terrasse entsorgt haben. Verschlafen, verkniffen und unter Gemurmel unfreundlicher Kommentare.

Genau verstanden habe ich leider nicht, was sie da so von sich gegeben hatten, ich war zu weit weg. Im hintersten Eck unter dem Flügel hatte ich gerade zufällig einen höchst wichtigen Termin. Fast nehme ich an, die winzigen Ausmaße des diesjährigen Weihnachtsbaumes haben etwas mit dem damaligen Zwischenfall zu tun. Aber vielleicht ist es wirklich nur aus Gründen der Naturverbundenheit. So jedenfalls hat Frauchen das Minibäumchen im Topf bei Herrchen angepriesen. Pflanzenfreundlich, wie sie ist, hat sie die Tanne in einen großen Terrakottatopf umquartiert. So steht sie jetzt auf dem Flügel. Zurückhaltend dekoriert mit den verschiedensten Schmuckstücken, die jedoch allesamt gut an den jeweiligen Ästchen befestigt sind.

Meine Menschin hat offenbar an alles gedacht. Daran, daß zarte, kleine, junge Bäumchen keinen ausgewachsenen Kater tragen. Daran, daß festgebundene Figuren nicht so plötzlich abhanden kommen können. Ja, sogar daran, daß ein fest eingepflanzter Baum aus keiner Halterung kippen kann. Einen nicht unwesentlichen Aspekt hat sie freilich übersehen: duftende, frische Erde in einem großen Topf, aus dem nur in der Mitte ein dünnes Stämmchen emporragt. Sonst überall frei zugängliche, jungfräuliche Erdfläche ohne Schaschlikspieße, ohne Hasengitter, ohne jegliche Umhüllung. So einer Verlockung kann Kater Paul nicht widerstehen!

Seit einiger Zeit sind sie nun auch endlich im Menschenkorb, meine Leute, so daß dem ultimativen Weihnachtsvergnügen nichts mehr im Wege steht. Begleitet von einem genußvollen Schauer, der mir mein Fell aufplustert, versenke ich meine Vorderpfoten gurrend in die weiche, feuchte Erde. Der aufsteigende Duft raubt mir jegliche Vorsicht – mit allen Vieren im Topf stehend, wühle und scharre ich, daß die Erde nur so fliegt und in alle Richtungen verteilt wird. Welches Vergnügen! Raushüpfen, wieder reinspringen, ein Bad nehmen in der schwarzen Flauschigkeit.

Die wonnigen Krumen verteilen sich inzwischen bereits über den Flügel und den Fußboden, wodurch die Auswahl noch ein wenig größer und interessanter wird. Hoppla, da ist Frauchens Rechnung nun erneut nicht aufgegangen! Ist es doch wieder herausgekippt, das Bäumchen. Wenn aber auch die Beutestücke so fest angebunden sind. Weg mit dem Zeug! Um so besser, kann ich mehr Erde aus dem Topf in der Umgebung verteilen und mich darin vergnügen.

Ein wirklich gelungenes Fest ist das dieses Jahr – fast noch aufregender als das letzte. Und für meine Menschen? Na, die sollen froh sein, daß ich solange Geduld hatte und bis nach Heiligabend gewartet habe, mit meiner ganz persönlichen Bescherung. Immerhin hätte ich schon gestern zuschlagen können.

Sylvester

Der Tag fängt ja wieder gut an! Draußen noch tiefste Nacht und obendrein schlechtes, eisiges Wetter, und ich werde bereits um 6.00 Uhr unsanft von der Bettkante geworfen. Von „Stiller Zeit" und festlicher Stimmung keine Spur.

Die übliche nette Morgenbegrüßung und das geduldige Abwarten meines täglichen Frühstücks-Rituales sind einem drängelnden „jetzt mach schon endlich, Paul" gewichen.

Meine Menschen rasen unentwegt und vollkommen planlos durch die Wohnung, räumen hin und her und – katz glaubt es kaum – ändern die Anordnung meiner mühselig katalogisierten Einrichtung! Das übersteigt die Schwelle meiner Toleranz nun doch erheblich. Sauer und mißgelaunt mache ich mich ebenfalls ans Werk. Hier neu markieren, da die Krallen wetzen und dort – durch Sitz- oder Liegestreiks – das Schlimmste zu verhindern suchen. Was dazu führt, daß mein ansonsten recht umgängliches Frauchen zu einer Art „Wolfsbestie" mutiert, kläfft und schubst, ja regelrecht handgreiflich wird, um unerbittlich ihren Willen durchzusetzen.

Nach einiger Zeit – ich hatte inzwischen genug und mich auf ein bislang noch unbehelligt an seinem Platz belassenes Fensterbrett zurückgezogen – kehrt endlich Ruhe ein, und ich kann meinen versäumten Schlaf nachholen.

Da plötzlich, ich bin mir nicht sicher, wach' ich oder träum' ich, dringt ein unsagbar verlockender Duft an mein empfindliches Näschen. Und tatsächlich, Frauchen hantiert im Beuteraum mit Bergen von Fleisch, welches sie in mundgerechte Häppchen schneidet. Natürlich für mich, zum festlichen Abschluß des alten Jahres, daran kann gar kein Zweifel bestehen! Aufgeregt mache ich mit süßen Gurrtönen auf mich aufmerksam, streiche um ihre Beine, gehe zu meiner Speiseecke und kündige die Bereitschaft an, den ersten Gang wohlwollend entgegenzunehmen.

Halt, was ist das? Hör' ich richtig? „Pfoten weg, Paul! Das ist für unsere Gäste!" Das kann und darf doch nur ein Irrtum sein! Aber nein, sie meint es ernst, bald wird alles säuberlich im Futterhaltbarkeitsschrank verstaut, dessen komplizierter Öffnungsmechanismus mir – trotz ausgiebiger Studien – immer wieder Schwierigkeiten bereitet. Nur ein einziges Mal konnte ich ihn bisher überlisten.

Viel schlimmer ist die Erwähnung des Wortes „Gäste“ im Zusammenhang mit meinen Katzenhäppchen. Essen Menschengäste etwa katzengerecht zubereitetes Fleisch? Handelt es sich gar um Katzengäste? Zur gefahrlosen Klärung all dieser Fragen gehe ich erst einmal auf sicheren Lauerposten und warte ab. Bald ist es soweit, Aufruhr und Panik sind angesagt – dieses Mal meinerseits! Meine dunkelsten Ahnungen finden ihre Bestätigung: Menschengäste!

Nicht nur, daß die mir erfahrungsgemäß alles wegfressen, ich mag einfach keine fremden Menschen! Und die, die da kommen, gleich gar nicht! Da ist wieder der Mann, der mich dauernd begrapschen möchte und so stark nach anderen Katern riecht, die Frau mit der schrillen Stimme und dem kreischenden Gelächter und die, bei der ich sofort niesen muß, weil sie so intensiv nach Blumenwiese „duftet“. Dann noch die mit dem überlangen roten Fell, in das katz nie schnuppern oder beißen darf, mit dem Typ, der gleich faucht, wenn ich nur in seine Nähe komme. Und bei den mir bislang noch unbekannten Exemplaren hebt sich überflüssigerweise einer durch einen unerträglichen Hundegeruch besonders auffällig hervor. Als ob meine Leute nicht wüßten, was ich davon halte!

Jetzt setzen sich auch schon alle im Beuteraum an den Napfpodest! Rundherum werden unzählige Leckereien verschiedenster Art arrangiert und dort – mittendrin – meine Katzenhäppchen! Als wenn da nicht alles geradezu überfüllt mit Futter wäre! Sogar die Weihnachtskerzen haben sie aus Platzmangel unter die große Schüssel in der Mitte gestellt, in die diese komische Ansammlung in regelmäßigen Abständen meine Fleischration hineinsteckt und wieder herausholt. Sehr originell! Das wird mir nun schlichtweg zu dumm! Also nichts wie ab unter die Couch und nachgedacht, was dagegen unternommen werden kann.

Da war doch zum Beispiel, ich glaube Weihnachten vor drei Jahren, der ältere, unangenehme Herr in Tierhaut-Hose unter den Gästen. Entgegen meiner sonst zurückhaltenden Art gegenüber Fremden bin ich damals zu ihm hingeschlichen, richtete mich vor ihm auf und wetzte mir kraftvoll die Krallen an seinem Hosenbein. Ein voller Erfolg! Geschrei, Unfriede und Gezanke, in Verbindung mit einem schnellen Aufbruch der Gäste. Besagter Tierhaut-Träger tauchte bei uns nie mehr auf.

Andere einschlägige Erfahrungen haben mir schon gezeigt, daß Menschengäste es überhaupt nicht schätzen, wenn Tiere ihre Speisen oder auch nur den Napfpodest berühren. Na klar, das könnte vielleicht auch heute den Schlüssel zum Erfolg bedeuten! Gedacht, getan! Im Jagdtempo zu der inzwischen fröhlich meine Katzenhäppchen verschlingenden Menschengesellschaft. Über den nächstbesten Schoß auf den Napfpodest, durch diverse Teller zur zentralen Fleischschüssel und rein mit der ausgestreckten Kralle der Vorderpfote ...

... als ich wieder einigermaßen klar denken kann, liege ich im sonst tagsüber zum Sperrbezirk deklarierten Menschenzimmer, weich umgeben von Kissen auf einer flauschigen Decke. Dort, wo sich meine rechte Vorderpfote befindet, verspüre ich ein loderndes Feuer – trotz angeblich kühlender Umschläge. Oberkater sei Dank kam keiner der Gäste auf die Idee, Katzenpfote à la Bourguignonne könnte eine innovative Delikatesse sein.

Nun, was soll's – ein hoher Einsatz zwar, aber letztendlich hat er sich gelohnt! Im abseits gelegenen Menschenzimmer habe ich endlich Ruhe vor den Fremden, alle Viertelstunde kommen meine besorgten Menschen zum Nachsehen und Trösten herein und bringen mir immer mindestens einen Fleischhappen mit, um zu testen, ob sich mein Zustand verschlechtert und ich den Appetit verliere. So habe ich doch noch Glück im Unglück, den Bauch festtagsgemäß voller feiner Fleischhäppchen und die mir gebührende Aufmerksamkeit, die bei solchen Anlässen sonst eher zu wünschen übrigläßt. Alles in allem wieder einmal ein voller Erfolg!

Nachwort

Sehr geehrte Leserin, sehr geehrter Leser,

das hätten Sie ja wohl nun geschafft! Jetzt wissen Sie, was ein „ganz normaler“ Hauskater so alles erlebt. Wie Ihnen Gonzalez bereits eingangs mitteilte, war ich zu Anfang nicht gerade begeistert von der Entwicklung mit meinen persönlichen Aufzeichnungen.

Aber das ist alles längst vergessen – vielleicht stimmt es ja, und er hat sie wirklich zufällig gefunden, obwohl ...? Was soll's, inzwischen muß ich zugeben, es wäre schade gewesen, diese Geschichten im stillen Eckchen aufzubewahren und nur selbst ab und zu einen Blick hineinzuwerfen. Jetzt bin ich so richtig stolz darauf. Hoffentlich hatten Sie, liebe Leserin, lieber Leser, ebensoviel Freude daran wie ich.

Das lustigste ist, daß jetzt alle aus meinem Revier schreibsüchtig geworden sind: Cäsar krallt an seinen Memoiren herum, Gonzalez verschwindet nach jedem seiner auch nur ein bißchen spektakuläreren „Unfälle“ mit Papier und Bleistift unterm Flügel, Carlo buddelt tagtäglich seine verschlissene Kladde aus und ein, und meine Menschen haben sogar ein gemeinsames Tagebuch angelegt. Nachmacher, samt und sonders. Jetzt, wo sie wissen, wie es geht, weil ich Ihnen alles vorgemacht habe, kommen sie auch auf die Idee, diese Anfänger. Aber da mache ich mir nichts daraus. Wenn es zu einer Veröffentlichung käme, wären das alles nur mickerige Plagiate. Das Original ist und bleibt von mir.

Deshalb kann ich mich abschließend an dieser Stelle auch großzügig bei ebendiesen meinen Mitbewohnern für ihre freundliche Unterstützung bei der Entstehung meiner Geschichten bedanken. Das gilt natürlich auch für mein Ersatzfrauchen, deren Töle und insbesondere für den Angeber Micky. Ohne sie alle wären die Begebenheiten wesentlich langweiliger und gewöhnlicher ausgefallen.

Mit bestem Dank für Ihre geschätzte Aufmerksamkeit grüßt Sie herzlichst

Paul

Glossar

Ach du dicke Maus!
Redew.: Ach du dickes Ei!

Alles in Sheba.
Redew.: Alles in Butter.

auf der Pfote liegen
Redew.: auf der Hand liegen

aus dem Fell platzen
Redew.: vollgefressen sein

Austragshüttchen
Hasenstall im Freien

Ausweichhausbeet
siehe Ersatzhausbeet

Beim Wolf noch mal!
Schimpfw.: Beim Teufel noch mal!

Beschäftigungskiste
Fernsehapparat

Beute-Schlaraffenland
Eigenn.: Nahrungsüberfluß

Beuteraum, -zimmer
Küche

Beutereißen
Futteraufnahme

Bilderkasten (auch: -kiste), flimmernder
Fernsehapparat

Blubberbauch
Eigenn.: bekommen Katzen nach dem Genuß von zwei Tassen Cappuccino

Blumenwiese, nach - duftend
parfümiert

Boden unter den Krallen verlieren
Redew.: Boden unter den Füßen verlieren

Bungee-Running
Sportart: athletischer Lauf- und Konditionssport an langer Leine

Cäsar
Katername, m.

Caputschäno
Eigenn.: Cappuccino, ital. Kaffeegetränk mit aufgeschäumter Milch

Carlo
Hundename, m.

Catnipsack
fester Leinenspielsack, imprägniert oder gefüllt mit katzenverführendem Duftstoff

Chefkater
Chef, Führungskraft, Entscheider

Da bleibt einem jedes Schnurr und Miau im Halse stecken.
Redew.: Da bleibt einem jedes Wort im Halse stecken.

Da wird das Kätzchen im Milchtopf verrückt.
Redew.: Da wird der Hund in der Pfanne verrückt.

Das haut den stärksten Kater aus dem Fell.
Redew.: Das haut einen von den Socken.

Draht-Glas-Gebilde
Halogenlampe mit Fassung und Aufhängung

Du großer Oberkater!
Redew.: Du großer Gott!

Entfessling
Sportart: anspruchsvoller, höchste Geschicklichkeit erfordernder Bewegungssport

Ersatzbeute
von Hauskatzen als Jagdbeute benutzte Gegenstände

Ersatzbeute des Monats
Eigenn.: aktuelle Hitliste für Katzen-Kultjagdbeutestücke

Ersatzbeutelager
Sammelstätte von besonders interessanten oder raren Ersatzbeutestücken (siehe auch: Ersatzbeute)

Ersatzbeutevorschläge
dumme Empfehlungen von Menschen für Ersatzbeutestücke

Ersatzfrauchen
Eigenn.: Futter- und Toilettenfrau, wenn Original-Frauchen abwesend ist

Ersatzhausbeet
alternative Katzentoilette, z.B. Blumentopf, Wäschekorb, Altpapier

Federfell
Federkleid

fellaufstellend
haarsträubend, spannend, aufregend

Findelkätzchen
infame Lüge von Frauchen

Fitneß-Parcours
Fitneßcenter im Freien

Frau, böse
Eigenn.: Schreckgespenst von Gonzalez

Fußende-Schlummernest
Eigenn.: Spezialschlafplatz für Katzen im menschlichen Bett

Futterhaltbarkeitsschrank
Kühlschrank

Geschichtenerzählerin
Frauchen

Gitterregal-Steilwand-Tour
Eigenn.: besonders gefährliche Klettertour

Gonzalez
Katername, m.

Häckselware
Überreste von Papier, nachdem eine Katze damit gespielt hat

häufig herumstehende Milchtüte
Eigenn.: zur Cappuccino-Herstellung notwendige Zutat

Hasenartiger
Kaninchen, m.

Hausbeet
Katzentoilette

Hausbeet-Füllung
Katzenstreu

Hausbeetbesuch
Toilettengang

Hauskater
ganz besonders intelligentes Exemplar aus der Familie der Feliden

Hauskaterkreise
elitärer Club, ausschließlich Hauskatern zugänglich

Hinterpfoten unter die Vorderpfoten nehmen
Redew.: Beine unter die Arme nehmen

Holzkasten
Kommode

Hoppler
Kaninchen

Hundemief
gasige, das Wohlbefinden beeinträchtigende Ausdünstung von Hunden; Einatmen kann zur Ohnmacht führen

Ich denke, mich laust der Tierarzt!
Redew.: Ich denke, mich laust der Affe!

Indoor-Revier
Eigenn.: Lebensraum einer Hauskatze

Jacken-Jumping
Sportart: athletische Hochsprung- und Geschicklichkeitsdisziplin

Jonathan
Kaninchenname, m.

Kätzchengekreisch
Kindergeschrei

Kätzchenspiel
Kinderspiel

Kätzchenzimmer
Kinderzimmer

katalogisieren
Aufnahme von Gegenständen, Personen, Geschöpfen in das katerliche Eigentumsverzeichnis

Katerabwehrmechanismus (auch: -fernhaltemechanismus)
menschliche Schweinerei im Zusammenleben mit Katern

Katerappartement
Katzenkorb

katerbreit
Maßeinheit, ca. 45 cm

Katerehrenwort
ugs.: Indianerehrenwort

Katerfest
außergewöhnliches, angenehmes Ereignis

katerfreundlich
kuschelig, gemütlich, weich, flauschig, warm

katergerecht
den Ansprüchen von Katern genügend

Katergeschicklichkeit
weltbekannte, berühmte Fähigkeit von Hauskatern

katerhoch
Maßeinheit, ca. 35 cm

katerschindend
menschliche Vorgehensweise, die sich damit beschäftigt, Kater zu ärgern und zu quälen

katersicher
vor Katern gesicherter Ort, Gegenstand etc.

Katerverhaltensweisen
traditionelle Lehre für heranwachsende Kater

Katerwäsche
intensive, täglich einige Stunden in Anspruch nehmende Fellpflege von Katern

Katerwirtschaft
Junggesellendasein

katz
man

Katzen-Bild
Eigenn.: Boulevardblatt für Katzen

Katzen-Feind
Eigenn.: menschliche Unverschämtheit zur Vertreibung von Katzen

Katzenappartement
Katzenkorb

Katzengäste
Katzen als Gäste von Menschen

katzengerecht
den Ansprüchen von Katzen allg. genügend

Katzenhäppchen
ausschließlich für Katzen bestimmte Nahrungsmittel

Katzenkorb, rollender
Automobil

Katzenkuchen
Leckerbissen für Katzen

Katzenspielparadies
Eigenn.: Weihnachtszeit in Wohnungen

Kein Kätzchen miaut danach.
Redew.: Kein Hahn kräht danach.

Kein Vögelein pfeift danach.
Redew.: Kein Hahn kräht danach.

Keine Katze schreit danach.
Redew.: Kein Hahn kräht danach.

keine Pfote frei haben
Redew.: keine Hand frei haben

Kläffer, verrückter
Hund

Klettergerüst
Mensch, Vorhang, Möbel, Topfpflanze, Weihnachtsbaum

Knopfauge
Kaninchen

Köter noch mal!
Schimpfw.: Mist noch mal!

Kralle, fünfte
Daumen

krallen
fingern, basteln

Kügelchenschmeißen
selten vorkommendes Vergnügen

Kultspiel, katziges
bei Katzen weitverbreitetes Spiel mit dem eigenen Schwanz

Kuschelzimmer
Wohnzimmer

Lärmkasten
Stereoanlage

Lappen, glibbrig-feuchter
Hundezunge

Lauerposten
Beobachtungsplatz, Aussichtspunkt

Leckerli
besonders wohlschmeckende Mahlzeit

Lenny
Hundename, m.

Leute, meine
Pauls Frauchen und Herrchen

Lieblings-Paul
Eigenn.: Frauchens verlogene Bezeichnung für Paul

Mahnmal
Eigenn.: auffällige, fäkale Hinterlassenschaft, um Menschen aus ihrer Lethargie zu reißen

Mann, böser
Eigenn.: Schreckgespenst von Gonzalez

markieren
Kennzeichnung von Gegenständen, Personen, Geschöpfen als katerliches Eigentum

Massenausflug
Spaziergang mit Menschen und anderen Haustieren

Menschen, meine
Pauls Frauchen und Herrchen

Menschengäste
menschliche Gäste von Menschen

Menschenkorb
Bett

menschenkrallendick
fingerdick

Menschenregeln
Einschränkungen der freien Entfaltung von Katzen durch menschliche Verrücktheiten

Menschenzimmer
Schlafzimmer

Menschin, meine
Pauls Frauchen

miaue und markiere
Redew.: sage und schreibe

Micky
Katername, m.

Minihöhlenbewohner
Holzwurm

Mitkater
lästiges Anhängsel gleicher Gattung und gleichen Geschlechts

Möchtegernkralle
Finger, Zehe

Möchtegernwolf
Hund

Mühsam ernährt sich das Katerchen.
Redew.: Mühsam ernährt sich das Eichhörnchen.

Napfpodest
Eßtisch

nicht alle Brekkies in der Schachtel haben
Redew.: nicht alle Tassen im Schrank haben

Oberkater sei Dank!
Redew.: Gott sei Dank!

oberkatrig
göttlich

oberkaterlob!
gottlob!

öffentliches Blumenbeet
Eigenn.: öffentliche Bedürfnisanstalt für Katzen

Ofenholz
antike Kommode

Paul
Katername, m.

Paul-Bißtest
Eigenn.: TÜV-ähnliche Qualitätskontrolle

Pauls Hütte
Eigenn.: besondere Unterkunft von Paul; Sperrbezirk für alle anderen Geschöpfe

pfotenfest
handfest

Pfotenlänge
Armlänge

Pseudofell
Kleidung

Revierausstattung
Wohnungseinrichtung

Revierbestandteil
Gegenstand, Möbelstück, Geschöpf, Mensch im Revier einer Katze

Riesenwolf
großer Hund

Sabber
eklig-schleimige Flüssigkeit, welche Hunden dauernd aus dem Maul fließt

Schleichgestell
Körper, im Sinne von *ugs.*: Fahrgestell

Schmusestündchen
Rarität

Schultersitzen (auch: -liegen)
Pauls Lieblingsbeschäftigung

Semesterferien
Eigenn.: menschliche Vergnügungssucht, meist verbunden mit dauernder Aushäusigkeit und durchgemachten Nächten (siehe auch: Viel zu tun.)

Speiseecke
Futterplatz

Sportskater, echter
Paul

Stadelghettos
Feldscheunen

Stängelchen, verschiedene
Eßbesteck-Set

Strohwitwer-Mensch
Eigenn.: Herrchen, wenn Frauchen auf Reisen ist

Superpaul
Eigenn.: Paul

Tagesration
unzureichende Futterzuweisung

Teufelszeug
Cappuccino, (siehe auch: Caputschäno)

Tierarzt
unangenehme Person, die darauf abzielt, Katzen zu schinden

Tierhaut-Hose
Lederhose

tratzen
süddt.: necken

Treeclimbing
Sportart: halsbrecherisches Klettern, ohne Sicherheitsausrüstung, bis in die höchsten Gipfel von Bäumen

um die Kralle wickeln
Redew.: um den Finger wickeln

Um Köters willen!
Redew.: Um Himmels willen!

um Mäusehimmels willen
Redew.: um Himmels willen

Um Oberkater willen!
Redew.: Um Gottes willen!

Um Wolfs willen!
Schimpfw.: Um Teufels willen!

Unkatze
Unperson

unter einem Fell stecken
Redew.: unter einer Decke stecken

Viel zu tun.
Eigenn.: menschliche Vergnügungssucht, meist verbunden mit dauernder Aushäusigkeit und durchgemachten Nächten (siehe auch: Semesterferien)

Wasserschüssel, riesige
Badewanne

Wasserzimmer
Badezimmer

Weihnachtszierat
Eigenn.: speziell zu Weihnachten von Menschen für Katzen bereitgestellte Ersatzbeutestücke

Weiß der Wolf!
Redew.: Weiß der Teufel!

Wenn katz einem die Kralle reicht, reißt sich der gleich die ganze Pfote.
Redew.: Wenn man jemandem den kleinen Finger reicht, nimmt er gleich die ganze Hand.

Wetzstätte (auch: -stück)
Gegenstand, Möbelstück, Teppich etc., an welchem sich Katzen bevorzugt die Krallen wetzen

Winterpelz
der Sage nach: dichtes Fell, welches Tiere im Winter vor Kälte schützt

Wolfsbestie
Eigenn.: Frauchen von Paul, in erregtem Zustand

Wolfsverschnitt
Eigenn.: Hund

Zerreißstufe
Eigenn.: vollgefressen bis obenhin

Zum Wolf damit!
Schimpfw.: Zum Teufel damit!

Die Autoren

Paul,
rassiger, hochgebildeter Tigerkater, ist eine anerkannte Koryphäe auf dem Gebiet der Hauskatzen- und Menschenforschung. Geboren 1986 in ländlicher Umgebung im Allgäu, als Säugling kurzzeitig in einem Katzenheim untergebracht, kam er bereits mit wenigen Wochen zu seinen Menschen. Trotz dörflichem Ambiente als Hauskater etabliert, widmete er, schon von Jugend an, einen erheblichen Teil seiner Zeit dem Studium des Zusammenlebens von Hauskater und Mensch. Der Autodidakt konnte hierbei schnell auf beachtliche Erfolge blicken. Im Oktober 1995 wurde er für seine bahnbrechende Tätigkeit sogar mit dem Ehrendoktorhut der hauskaterlichen Fakultät zu Katzburg ausgezeichnet. So untermauern die Ergebnisse seines Schaffens die oft unwahrscheinlich anmutenden Begebenheiten mit der nötigen Seriosität, ohne jedoch auch nur im geringsten ihre amüsante Note einzuschränken.

Andreas Steinbach
begann zu zeichnen, sobald er imstande war, einen Stift in Händen zu halten. So wurde er schon früh zu einem gefragten Illustrator und Airbrusher, der seine Begabung in den unterschiedlichsten Bereichen, von Gebrauchsgrafik über Produktdesign bis hin zu gefühlvollen Buchillustrationen, gekonnt einsetzt. So konnte er auch den außergewöhnlichen Ansprüchen von Paul mit Bravour genügen und beweist mit überwältigendem Humor einmal mehr, welch einzigartiges „Händchen“ er gerade für solch eine diffizile Aufgabe hat. Immer dort, wo Paul die Worte fehlen oder er „Unaussprechliches“ unausgesprochen läßt, greift Andreas Steinbach mit flottem Strich treffend in das Geschehen ein.

Verrückte Seiten

Cartoons, Satire und gute Laune vom Louis Verlag

Prädikat: Besonders wurmvoll

Stecken in Geburtstagstorten für Vögel tatsächlich Würmer, ist der Airbag ein Wurmbag oder der Vogel ein Frühstücksei? In der Welt von *VogelWurm* nehmen gewöhnliche Sachverhalte oftmals geradezu groteske Formen an. Nicht nur in *„Herzlichen Glückwurm!"*, sondern auch auf vielen lustigen und vor allem nützlichen Schreibwaren und kleinen Geschenken.

Tommy Weiss
Herzlichen Glückwurm!
72 zweifarbige Seiten
geb., 17,3 x 24,5 cm
DM 19,80
ISBN 3-9805364-0-8

Langeweile an die Leine!

Die bislang einzigartige Sammlung total verrückter „Problemlösungen" rund um den Hund. Ein Ideenfeuerwerk in Wort und Bild. Und alles in quietschbunter Warenhauskatalog-Optik. Jede Seite ein neuer Genuß!

Der zweite Band *„Weissels Computer Visionen"* ist bereits in Vorbereitung.

Tommy Weiss
Weissels perfekter Hund
128 farbige Seiten
geb., 17,3 x 24,5 cm
DM 24,80
ISBN 3-9805364-1-6

I. Louis Verlag · Gruberberg 3 · D-82399 Raisting  Tel.: 0 88 07 - 40 59 · Fax: 0 88 07 - 85 64